天下文化

BELIEVE IN READING

親子膠水

心理師媽媽 教養手記

陪伴孩子探索自我、自信成長
打造溫暖堅實的安全堡壘

諮商心理師
許妮婷——著

目錄

第二章 教養現場的百態 067

第三章 照亮親子的健康界線

第四章

打造和諧且相互穿透的親子關係 179

第五章 讓孩子成為自己的光

後記

自序
走在漫漫教養路上

時光荏苒，轉眼間我居然已經當了十二年母親。

如果十二年前的我搭乘時光機來到現在，肯定對於現在的自己大呼不可思議，原來時間與生命之歷練可以讓我養出足夠的能量，將這十二年的教養體悟濃縮成一本真真切切由愛與血淚交織而成的「教養手記」。

在晚婚晚育、高齡生子成為社會主流的時代，我卻在二十三歲時，選擇接受即將成為人母的事實，接下上天派遣的任務，提前感受異於同齡人的孤單和快樂。

雖然獲知懷孕後我有過幾番掙扎，但確定要生下大女兒的那一刻起，我便誓言保護她。初為人母時，為了讓孩子能夠健康幸福的長大，我企圖獨自扛起全世界的悲傷與痛苦，卻為此吃上不少苦頭。

因為想要當個親力親為的母親，我做了許多生涯調整，例如無懼與長輩革命提前踏入婚姻、休學生子再復學等。

這十二年來，為了當孩子勇敢的母親，給予她們最溫暖的擁抱，我是義無反顧的傻子，是直奔戰場的勇士。為了保護孩子，無論遇到再多困難與狼狽，我仍會奮力爬起來繼續往前走；即使前方經常一片霧茫茫，但我知道必須生出探索的勇氣，才有機會一次次走出迷茫。

然而，過於濃烈的母愛曾讓我迷失，後來逐漸明白，當母親的心不安寧，孩子也會感到不安全，整顆心依伴著母親不願放開，這也成了我起心動念寫作這本書的初衷：以依附理論為出發點，勾勒父母與子女之間千絲萬縷的愛與羈絆。

以溫柔堅定的力量，陪伴孩子前行

當年復學重返研究所的時候，正值我和八個月的大女兒如膠似漆的甜蜜期，復學上課導致我產生分離焦慮，幸好選修課程「客體關係理論與治療」讓我得到相當的撫慰。

客體關係中的客體是指個體人際關係的對象，客體關係即反映個體與他人的關係，以嬰兒為例，與母親的關係即為嬰兒來到這個世界的第一個客體關係。

整個學期的課程讓我收穫滿滿，替生澀的母職角色找到著力點，以此逐日展開我和大女兒的親子關係。攤開我的教養地圖，說是以「客體關係理論」為核心往外擴散一點也不為過。

高敏感小女兒出生後，我當了兩年全職媽媽，一度瀕臨產後憂鬱，我找了也是母親的同行友人創立「心理師媽媽的窩聚」臉書粉絲專頁，將教養孩子的酸甜苦辣及心理學知識分享給網友。

二〇二〇年，我創立個人臉書粉絲專頁「許妮婷心理師的小漁村」，除了延續親子教養的主題，也觸及婚姻伴侶、自我探索以及生活分享等面向。文章透過粉專及各大媒體平台曝光，推廣我所強調的身心靈健康平衡。

在此同時，我發現不只自己被看見，許多讀者留言和私訊與我分享生命故事或對我表達感謝，真誠的文字情感交流每每讓我感動。有時候先生見我又紅了眼眶，得知我被讀者的某一段話觸動，他總笑笑的說：「你心地柔軟又善良，認識你十幾年來，始終如一。」

就這樣寫著寫著，陸續有讀者和諮商個案詢問是否有出書計畫，因緣際會之下，老天牽起我和天下文化的連結線，我們秉持送給全天下父母一本充滿愛與溫度的教養手記的共同理念，推出《親子膠水》。

全書集結近年受到重視的依附理論、分離焦慮、安全堡壘以及「剛剛好的媽媽」等概念，輔以知名心理學家的核心理論，例如個體心理學家阿德勒（Alfred Adler）的家庭星座、意義治療學派的存在意義、精神分析學派佛洛姆（Erich Fromm）談愛的真諦等，將理論概念揉合教養現場，像是第二章〈教養現場的百態〉即有許多實際案例。

第三章以「親子界線」的概念探討親子界線該如何適時適量劃分並且保有調整彈性，其中〈失格母親的吶喊〉這篇是我從混亂失序中覺醒的慘痛經驗，每每閱讀眼眶必然泛紅。第四章談打造和諧且相互穿透的親子關係，引領孩子體驗什麼是愛、喜樂和幸福，其背後關鍵莫過於被懂得愛自己的父母所愛。

第五章回到此書最大的宗旨，鼓勵與催化親子間的關係，在歷經共融到分離個體化之後，孩子會長出內在的心理韌性，提醒父母在孩子尋找自身之光的過程中，除了需要更有意識的面對自我，還要以溫柔堅定的力量成為孩子成長過程的安全性客體。

回到我自己身上，兩個孩子賦予我生命莫大勇氣，增添我心靈財富，跌跌撞撞至今逼近不惑之年，逐漸在當母親與做自己的路上找到平衡位置，在學會照顧孩子的同時，也能好好疼惜自己。

我將這一路的身心靈成長，從母親的視角、孩子的視角細細分析，加上我反覆搓揉的溫柔與關懷，化為書裡的字字句句，輕柔放在你手中，希望我們在為人父母的路上，能保有自己喜歡的能量繼續往前走，並且讓孩子成為自己柔美溫暖的光芒。

第一章

幫孩子的安全堡壘命名

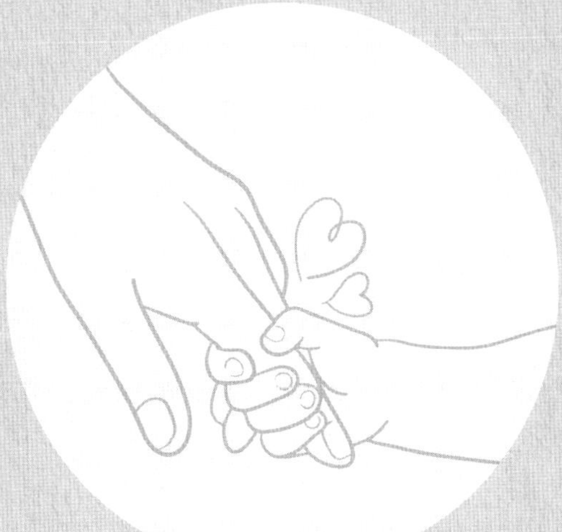

01 每個孩子都有自己的人生難題

每個孩子誕生時，都帶著自己的世界觀。

——唐諾．溫尼考特（Donald W. Winnicott），兒童精神分析大師

我在小學五年級首次當阿姨，與我分別相差十一歲、十歲的大姊、二姊相繼生了孩子，而我也就此展開「假日小保母」之路。

記憶猶新的是我國、高中時，最期待假日與四個小外甥和外甥女玩耍（大姊和二姊各自生了一男一女），或許因為當時課業與人際關係面臨高度壓力，我更能感受到小小孩身上的天真爛漫，和他們在一起時彷彿重溫童年。

外甥、外甥女有五個阿姨和一個舅舅，但最喜歡我這個六阿姨，甚至當時暱稱我為「王」。孩子們喜愛我的程度，不僅是朝思暮想，甚至每次分離皆會哭到

肝腸寸斷，親友也曾因此強力建議我從事幼保行業。

我不僅喜歡沉溺在與孩子的互動之中，更喜歡觀察他們，也從中發現，原來每個孩子從出生那一刻開始，就有著自己獨一無二的樣子。

一樣的生長環境，不一樣的人格特性

倘若加上親為人母的育兒經歷，我總共細細觀察過六個小生命從呱呱墜地到長大成人（最大的外甥今年已經二十幾歲了），發現無論是人稱的天使寶寶抑或是惡魔寶寶，其實並沒有所謂的好壞，即便生於最平和的家庭，也有其生長過程要遇到的困難。

畢竟每個孩子都有天生的氣質，以及與生俱來的信仰和理想，也想按照自己的心意尋求秩序，倘若父母過於執著自身的標準教養，可能會釀成親子間永無止境的混亂互動，滋生各種型態的人格發展，例如總是不配合或是極力討好。以下列舉孩子人格發展最常見的兩種型態：

1 高敏感孩子

高敏感孩子俗稱高需求寶寶，典型表現為情緒高張力、吹毛求疵、挑嘴、不愛睡覺、精力旺盛等，為「磨娘精」的大宗類型。

我會踏上寫作之路，第二胎的到來可說是主要原因。原本以為仿照第一胎好睡好養、六個月大就送保母的時間表即可，卻沒想到小女兒出生第一天起便展現驚人的敏感程度，誰都難以一時半刻哄睡、餵奶。

離開月子中心後，少了醫護人員的協助，小女兒的難纏程度變本加厲，我累到暴瘦至不滿四十公斤。比方一天吐奶數十回（不誇張，我自己最高紀錄一天換八套衣服），她一歲前我沒有一天睡超過三小時。

小女兒六個月大時，我們將她送到大女兒以前的保母家，但是就連經驗豐富的保母都忍不住投降，說哄不了，也才造就我不得不走上全職媽媽的兩年旅程，沒想到這段日子卻成為我人生最刻骨銘心、閃耀的時刻。

這兩年讓我完整感受生命初始的奧妙，每分每秒似乎都暗藏老天爺想送我的禮物；也因此下定決心記錄自己的體悟和學習，幫助更多為此受苦的父母。

另外，也感謝小女兒這個高敏感孩子，讓我有機會回頭整理自己的童年，發現我也是高敏感人，只是沒有她幸運，當年我只要出現不配合的言行舉止或負面情緒，便會被大人直接用打罵給壓抑乃至掩蓋。

或許因為如此，我的青春期過得特別辛苦，尋求自我認同的混亂及自我否定感不斷在體內膨脹，直到念研究所時遇到一位願意接住我的超個人心理學教授，才慢慢學著走向個體化之路，也就是心理學家榮格（Carl Gustave Jung）的理念：在我們的一生中，我們將會成為自己從一開始就可能會成為的樣子，這就是自我實現的過程。

近年各國多位心理學工作者開始推廣「高敏感是種美麗天賦」的新觀念，解構原先常見針對高敏感孩子或大人的單面向負面詮釋，進而透過更全面的視角，剖析高敏感特質，讓成人（尤其是父母）更了解自己和孩子的心理狀態。

其實當主要照顧者能夠持續提供穩定溫暖的環境，難搞的高需求寶寶也會在安全的環境中滋養親子關係，逐漸走向〈06親子的情感膠水，要有多黏？〉（見五〇頁）談到的安全型依附。

2 乖乖牌孩子

乖乖牌孩子俗稱天使寶寶，常會讓長輩以「好乖」、「好懂事」的讚賞眼光看待，這類型的孩子好吃、好睡、好養、好聽話，讓新手父母輕鬆無比。雖然我的孩子皆不是這種類型，但身邊的確有些實例，讓我深陷育兒苦海時好生羨慕。

然而，聽話的孩子就沒有需求與渴望嗎？早在好幾年前，兒童精神分析大師唐諾．溫尼考特就不斷提醒，主要照顧者應該把孩子當做有想法的人。

一開始父母是孩子的全世界，他們對世界的建構透過和父母（主要照顧者）互動一點一滴形成，每個孩子表達需求和情感的方式有所不同，這與遺傳和天生氣質有關，但我們可以確定新生命出生後，對全然陌生的世界進行摸索時，其任何動作都存在目的，例如利用哭泣來得到父母的擁抱或尿布的更換。

聰明的小寶寶會悄悄觀察主要照顧者的反應，來調整下次的表達方式，以我二十多歲的外甥為例，小時候可愛乖巧的模樣與青春期的叛逆大相徑庭，現在還時不時被親友拿出來輕鬆笑談。

外甥長大研修發展心理學後，曾自我揭露小時候乖是知道可以得到大人認同，尤其和小兩歲的高敏感妹妹比較起來，他更顯得乖巧懂事。但也曾因為習慣尋求別人的讚賞與接納，不想被排擠，擔心不能得到同儕認同，才會在青春期做了一些出乎意料、看似離經叛道的行為。

乖孩子也有內在想法需要被大人聽見，只是大人常會被表面的平和蒙蔽；而孩子也以為乖就可以相安無事，選擇性忽略自己內在的想望，間接造成被壓抑的欲望只能透過其他出口宣洩。

一顆全然陪伴的心

無論哪種類型的孩子，都有一個核心渴望：希望感受到父母絕對的愛。

孩子在幼兒時期經常對父母尖叫和亂發脾氣，這時候的孩子正處於內在期望與外在現實之間的拉鋸戰。換句話說，孩子內在有個理想化的父母形象，所以當他們期望的與父母提供的有落差，孩子就得在這全好、全壞的二分狀態中，長出彈性。

這個從幻想到幻滅的轉變過程，需要主要照顧者協助，透過與孩子的日常互動，幫助他累積無數美好經驗，進而長出彈性。

所謂美好是指夠滿意，也可以說是需求或衝動得到滿足與合理化，進而從全好與全壞的想像中，找出符合現實的親子共舞節奏。對孩子來說，可以接受父母「既好且壞」或是「或好或壞」，重點在於孩子長出來的彈性讓他知道，父母絕對會在他有需要時陪在身邊，讓他放心發展自己。

所以，照顧者要讓孩子感受到絕對的愛，才能要求孩子接受父母的實際樣貌，而且父母要能夠接納衝突與抗議等反應是孩子成長過程的常態。

每個孩子雖然如此不同，但是只要主要照顧者能夠悉心陪伴，便可以得到孩子的心。

回到前文的例子，我在小學五年級成為外甥、外甥女最愛的陪玩者，當時我擁有專業知識背景嗎？沒有，我只有一顆全然陪伴的心。孩子從我眼中看到的，是對他們滿滿的興趣，以及投入關係的熱情。

02 媽媽是安全女神

母親是我們由之而來的家鄉，是大自然，是土壤，是海洋。

——佛洛姆，心理學家

密不可分的母嬰時期

記得有張畫作在網路廣為流傳，畫中的媽媽在浴室洗戰鬥澡，父親一刻也不得閒，調整好最佳視角讓寶寶能順利從門縫看見媽媽，但寶寶即便看得到媽媽，也沒有停止嚎哭，因為寶寶要的是被媽媽緊緊抱著。

「我家孩子在別人面前都很乖，但和媽媽在一起就瞬間變樣，鬧個不停。」這段話有沒有讓你感到很熟悉？媽媽肯定經歷過孩子時時刻刻都想黏在你身邊的時期，無論你是正在洗澡、睡覺或上廁所，寶寶都想要跨越時間、空間的阻礙，不顧一切只想奔向媽媽的懷抱。

因為對於幼兒來說，心智尚未與媽媽分化，以為自己和媽媽是相融的，一旦離開媽媽身邊，彷彿失去重要的一部分，焦慮與恐懼感便不自覺產生。

對每個孩子而言，媽媽是最初始的依附對象，從英國發展心理學家約翰·鮑比（John Bowlby）的「依附理論」（Attachment Theory），我們可以知道與他人發展出親密情感連結是人類普世需求，孩子會展現出依附行為，像是尋求親近、微笑、黏人，藉此來獲得基本安全感。

帶領孩子認識這個世界的，通常是主要照顧者媽媽，無論是微觀的親子互動，乃至於巨觀的社會文化脈絡，媽媽是孩子的全世界，給了他充足的信任與依靠，也因此當孩子要離開媽媽時，比方送托（保母、托嬰中心、幼兒園等），害怕與媽媽分離，進而產生分離焦慮，哭到歇斯底里甚至出現延續數個月的情緒躁動，這是孩子對分離這種改變的抗議，卻也是孩子慢慢長出自我的關鍵第一步。

這個時候倘若媽媽能持續以溫柔篤定的態度，讓孩子在面對分離焦慮時不至於崩潰，便是給予孩子關係安穩的鎮靜劑，同時也能幫助他安心探索這個世界，利於長出自我。孩子因為有媽媽當靠山，進而對世界充滿信任，媽媽是孩子的安全堡壘。

「安全堡壘」（Secure Base）是美國發展心理學家瑪莉．安斯沃斯（Mary Ainsworth）提出的概念，她認為安全的依附關係是嬰兒安全感的主要來源，取決於親子之間的密切互動、感情連結，促使嬰兒對媽媽、環境產生安全感與信任感，能夠毫無顧忌探索環境，進而逐漸可以忍受與媽媽分離，發展出對自身的信任與自我價值感，邁向獨立的小小前哨站。

約翰．鮑比給了更為具體的描繪：「從搖籃到墳墓，當生命被安排成一系列的出遊，不管是長是短，都是由我們的依附人物提供安全堡壘，令其可以放心、自由、大膽的探索世界，這時的我們是最快樂的。」

要養育孩子長大，並且替孩子打造出獨一無二的安全堡壘，媽媽在背後可得花一番工夫，身兼「建築師」、「室內設計師」、「建材師傅」，多麼不容易。每位媽媽背後都有為人母的辛酸，但也有她專屬的幸福。

為母則強的真正意涵

記憶猶新，二十四歲當上新手媽媽初始，一切相當慌亂，無論醫護人員或長輩的話照單全收。當時母嬰同室是主流，除了每三小時定時餵奶、擠奶，還得熟悉當人母的感覺，以及應付親友的熱情探訪。

生產後的那三天，我幾乎快失去現實感，長輩好意的陪伴，眾多娘家親友輪番探訪，每每親餵只有一道薄薄拉簾區隔，隱私堪憂之外，根本無法真正休息放鬆，住院三天我總計睡不到九個小時。

其實，這只是我當媽媽後面臨挑戰的冰山一角，一路走來深深覺得自己宛若神力女超人，畢竟我以前不是這樣的，沒有那麼委屈求全，也沒有那麼勇往直前。但是我當媽媽後，為了孩子，不時突破既定自我認知框架。

記得復學回花蓮念研究所時，我在某次諮商團體課傾訴苦無後援，得當天來回台北、花蓮兩地奔波的辛酸時，當時教授除了給予我包容與接納，還說了一段話觸動我心：「當上父母之後才會發現，原來最快樂的是心靈所帶來的財富，勝過外在物質的滿足。」

十多年過去了，這段話仍在我心中如好酒般持續發酵，愈陳愈醇香。在育兒路上，我不時因為有所感觸而恍然大悟，驚呼：「喔！原來如此。」

回過頭來看，育兒之路一點都不輕鬆，我曾在臉書粉絲專頁寫了一篇短文，標題為〈我不能認輸，因為我是媽媽〉，引發不少迴響，來找我諮商的個案甚至在諮商室說此文讓她當下淚流滿面，道出她一路以來的心聲。

這個年代當媽媽真的不容易，不只受到社會主流價值的影響，也包含女性自我期許的改變。例如不甘於只當媽媽和妻子，也想在職場上有自己的一片天地，但社會對於母職責任的期盼並沒有因此轉變。簡而言之，現在的媽媽除了要有經濟獨立的能力，在自我實現的同時，也得當個稱職的媽媽。

你有多少次被壓力逼到懸崖邊？你是否在面對排山倒海而至的挑戰時，母性的潛力一次次被激發出來？

我特別喜歡家族治療大師李維榕在《孩子不離家》這樣描述：「如果真的有模範母親，我相信她不但有驚人的生命力，還不屈不撓，卻不會整天把自己的奮戰過程掛在嘴邊。她也同時接受自己有懦弱的一面，不會在孩子面前強顏歡笑，或是掩飾自己的悲哀。笑的時候笑，哭的時候哭，她有在戰場上的英姿，也具有小女人的柔弱，就算一生的不幸讓她心痛，但卻沒有內傷，她不會發出苦澀的味道。孩子在這樣的母親身邊，只會感到無憂無慮的安全，不必背負上一代的包袱，有足夠的空間發展他自己的故事。」

當女性願意有意識面對且扛起角色任務，會發現自己逐漸成為心靈大富翁。嘿，母親，你是孩子生命中最美麗神聖的安全女神，誠如心理學家佛洛姆所言：「母親是我們由之而來的家鄉，是大自然，是土壤，是海洋。」

03 爸爸是捍衛戰士

父愛是天生的，跟母愛一樣根深柢固。

——「零到一歲」（Babies），Netflix 原創紀錄片

我家孩子看過幾次「捍衛戰士：獨行俠」（Top Gun: Maverick）電影預告片後，嘻嘻哈哈調侃有時候沒洗澡就睡覺的爸爸是「汗味戰士」。玩笑歸玩笑，但爸爸在孩子幼小心靈中，其實是起真正保護作用的「捍衛戰士」。

與生俱來的父愛

近年線上影音串流平台 Netflix 的原創紀錄片「零到一歲」，由三十六位來自

世界各地的科學家耗時超過一年追蹤十五名嬰兒。

第一部第一集主題「愛」（LOVE）探討新生兒與主要照顧者的關係，研究發現，在育嬰期間，新手爸媽兩人腦內催產素濃度相當，也就是說父愛和母愛都是與生俱來的天賦！

懷胎十月對媽媽而言是獨特又難忘的經驗，女性身歷小胚胎從著床到逐日生長的神奇過程，然後隨著呱呱墜地的哭聲開始，真實創造新生命的驕傲，讓女性在生產時調控子宮收縮的荷爾蒙催產素大量分泌，間接影響媽媽，使其強烈關注新生兒，喜歡去靠近、照顧新生命，並積極互動、給予回應。

催產素是產婦與新生兒培養親密關係的關鍵荷爾蒙，又稱為「擁抱荷爾蒙」、「愛的荷爾蒙」，是一種功能多元的荷爾蒙，能夠使人與人之間建立起相互信任的感情。催產素研究先驅、女性生理學專家克絲汀．莫柏格（Kerstin Uvnäs-Moberg）說：「無論我們如何探索愛的本質，催產素一定牽涉其中。」

男女體內都有催產素，它帶來放鬆、無私與愛的感覺，剛升格為人父的新手爸爸當然也有，從「零到一歲」紀錄片中針對八十對新手父母的研究結果可以看到，父母的催產素是等量的，就如研究團隊所指出：父愛是天生的，跟母愛一樣根深柢固。然而，隨著親職角色的參與程度不同，父母雙方的催產素產生落差，接觸孩子的時間愈多，催產素系統就愈活躍。

產後催產素遽增，大大改變媽媽腦內負責調節恐懼回應和壓力的杏仁核。孩子出生後，媽媽的杏仁核會被活化，讓她撫育孩子時，常有較為神經質的敏感表現，而且無論孩子長得多大，媽媽對孩子的關注程度不會消滅。

催產素的研究讓我們知道，母愛會隨著寶寶出生自然而然被激發，進一步的研究還發現，催產素的濃度與母嬰互動的頻率呈正相關，媽媽和嬰兒愈常親密接觸，兩人的催產素濃度愈高。

針對男同志伴侶的研究發現，從寶寶出生第一天就開始照顧的話，男性的杏仁核會和女性一樣被開啟，這代表盡心照顧也會讓杏仁核活化，不分男女，取決於個人選擇或決心。

大眾對於新手父母的印象，多數著重在母嬰之間的關係，實際上照顧工作也幾乎大半落在媽媽身上，所以縱使雙親的先備育兒荷爾蒙等量，然而後天環境的支持度不足，使男性與嬰兒建立親密關係的機會少了許多，再加上多數爸爸在喜獲麟兒之際，經濟壓力更沉重，但催產素卻需要在個人感覺被支持，呈現平靜、溫暖的狀態時才易於激發，所以爸爸的催產素就受到為事業、家庭奔波的壓力荷爾蒙抑制了。

善用父職優勢

準媽媽與腹中胎兒形成依附關係，一起經歷懷胎十月強烈的身心變化，此現象稱為母職優勢。那爸爸也有所謂的「父職優勢」嗎？

以下為我與身邊爸爸們的對話：

我：「你什麼時候開始意識到自己是個爸爸？」

友人甲：「從老婆懷孕後，成天在我耳邊碎唸身體不舒服就開始了。」

友人乙：「我們離開月子中心後，我一天到晚要洗奶瓶、換尿布、陪睡……，驚覺根本沒有自己的時間的時候。」

友人丙：「老婆生產前瘋狂買了一堆據說是寶寶必備用品，像是推車、嬰兒床、安撫玩具……，我繳卡費嚇到時，才驚覺自己快當爸爸了。」

從前文例子可以看出男性覺察自己成為人父的最初時刻相當不同，有經由伴侶強制置入、有親身體會……

有些男性很晚才有做父親的體悟，即便孩子已至學齡期，仍無須為父職操心，對他們而言，所謂「父親的角色」是好好賺錢，照料及教養孩子的責任由妻子全權負責。這種傳統思維的父親通常到了中、晚年，因為與子女疏離而出現親子危機，衍生出遺憾與悔恨等失落議題。

相信大部分男性踏入婚姻時，都希望自己成為好丈夫、好爸爸。但孩子出生後，新的改變難免帶來衝擊，有些新手爸爸對於照顧孩子手足無措，或者嘗試後受到挫敗進而產生抗拒，認為自己無法勝任，擔心難以善盡父親職責。

雖然男性無法親自體會懷胎的感受，然而對於胎兒及孕妻而言，有幾個重要任務非準爸爸莫屬，例如有研究指出，父親較為低沉的音調會讓胎兒比較有反應，而且經常對胎兒溫情喊話，胎兒容易產生歸屬信任感。

男性對於孕妻實質及情緒上的支持，不僅可以鞏固夫妻的親密連結，間接讓胎兒也受惠，畢竟有愉快的孕婦才有快樂的胎兒。孕婦的情緒指數與丈夫的貼心程度有密切關聯，直到孩子呱呱墜地後，男性仍舊需要持續扮演神聖守門員的角色，好好守護妻兒，在孩子內心深處，爸爸有無可取代的意義。

在過往性別特質壁壘分明的刻板印象中，陽剛、勇敢、堅強為爸爸的特質，媽媽則扮演溫柔的角色，然而這也造成親職角色的自我限制。

對於孩子而言最珍貴的是陪伴與照顧，孩子最愛的是對他們的需求最敏銳、並能迅速給予滿足的人，不論這個人是爸爸或媽媽，照料的品質才是引發愛的重要因素。持續且穩定的陪伴對孩子各個發展階段皆有象徵性意義，在目前多元兼容的時代中，溫柔不再是媽媽專屬，堅毅也不再僅限於爸爸。

隨著工作接觸到伴侶案例機會愈多，我愈加深刻感受到夫妻產生摩擦，一大成因是彼此對育兒教養的期待有落差。相較於過往視育兒全然為女性職責，近年愈來愈多男性願意擔負親職，一則以喜的是形成合作父母模式的機率大大提升，一則以憂的是夫妻誤解彼此的好意，怨氣逐漸累積，不但容易影響夫妻情感，對親子關係也有一定的傷害，畢竟貌合神離或對立的父母，會讓孩子在養成安全感的過程中，滋生難以言喻的矛盾感。

大我七歲的先生是家中獨子，從小受到他父母無微不至的照顧，我們大女兒出生後，他經常以「我幫你……」來邀功他做的家務和育兒工作。當他把所有成長經歷中視為理所當然的觀念加諸到婚姻裡，另一半是不是倍感壓力？

我嘗試一次又一次表達我感受到的「不舒服」，幾年來不斷討論我們喜歡的生活模式，例如在家務上他負責洗碗、倒垃圾，我則負責洗衣、打掃，雙方各司其職。我們保持互相對話，一次次放下相處過程產生的怨氣，迄今（二〇二三年）結婚將邁入第十三年，婚姻關係仍充滿動能。

只要願意真心投入，對於孩子而言，爸爸和媽媽一樣重要，媽媽可以是起保護作用的「捍衛戰士」，爸爸也可以化為柔軟親和的「安全男神」。

04 沒完沒了的分離焦慮

父母耐心陪伴與穩定回應，讓孩子知道分離與焦慮沒那麼可怕，孩子不需要單打獨鬥，父母會隨時給予必要支援。

每年新生開學日，新聞媒體畫面總不乏父母依依不捨躲在教室窗邊偷看心肝寶貝的有趣景象，以及孩子抗拒上學的崩潰場面，觀眾無不莞爾一笑，笑中藏著對哭泣小娃的心疼，藏著對父母稚氣舉止的理解，藏著對自己過往的懷念……

分離焦慮是正常且普遍的

世界上所有關係都有分離的一天，分離有很多種形式，胎兒離開母親子宮的那一刻，即是孩子經歷人生第一次分離，之後小小生命隨著階段性發展，無可避免的在等待與挫折中產生週期性焦慮。最正常而且最普遍的，是孩子就學時發生的物理性分離，隨著先天氣質與後天條件的不同，每個孩子要面臨的分離焦慮時間並不一致。

我經常以先生和小女兒為例，先生從小個性隨遇而安，好吃、好睡一路長大，導致他對於高敏感的小女兒上幼幼班足足哭了三個月感到不可思議。他回憶自己上幼兒園第一天頭也不回盡情投入校園環境，完全不知分離焦慮為何物。反觀小女兒兩歲上學天天上演鬼哭神嚎的淒厲劇碼，讓我曾自我質疑對孩子的安排是否正確。

很慶幸當時先生和我輪替接送，讓彼此都有喘息空間，榮格分析師也協助我整理母職角色，使我能夠繼續扮演好孩子在此時期的穩定客體。

現在來進一步認識所謂的「分離焦慮」。

心理學「客體關係理論」學派認為，分離焦慮是個體與母親分化的過程中，無法從心理上和母親分離，以至於難以順利發展出個體化，也就是個人與自己依戀或是喜愛的人分離時，情緒感到不安定所產生的不適應行為。

特別值得關注的是，過往我們常會將孩子當成分離焦慮的主角，但有學者研究發現，依附關係是雙向的，母親與幼兒分離時的焦慮反應，對孩子有重大影響，有時候母親過度焦慮反而導致孩子更離不開母親。

當年大女兒送到保母家托嬰時，恰逢我重返碩士班就讀，研修客體關係課程時，發現好像我比大女兒的分離焦慮更強烈（當時先生經常調侃我想太多，大女兒去保母家玩得很開心，沒有我想像中那麼思念媽媽）。而前文所述的研究讓我更加明白要給孩子「剛剛好的愛」，而不是盲目塞了一堆名過其實的母愛，造成日後親情的阻礙。

雙向並行的分離焦慮是蜜還是毒？

「到底要怎麼樣才能放手讓兒子安心去上學？這大半年來，每次我送兒子上學，他都哭紅了眼、奮力拉著我不肯放，說好怕媽媽不要他，有好幾次我都妥協請假陪他，但我得上班不可能一直請假，這讓我覺得自己不是個好媽媽。」

我重返職場之後，陸續碰到許多親職教養的主訴議題，其中令我印象深刻的，是一位充滿母職愧疚感的新手媽媽，起初幾次晤談她總聲淚俱下，自我控訴達不到她預期的「好媽媽」表現，對自己相當自責。

她為了彌補自己的「錯誤」，在孩子身上加倍用心，也間接導致夫妻失和。她對先生感到憤怒，認為他忽略孩子上學所要面臨的壓力，先生卻受不了太太過於神經兮兮，對他過度苛求。先生嘗試溝通勸導太太幾次之後，被逼到只能放棄，然而先生的放棄讓太太更加篤定他不僅沒辦法做個好爸爸，而且對婚姻不用心，導致夫妻此後幾年相對無言。

諸如此類孩子和父母之間的「三角關係」所衍生的狀況錯綜複雜，以前文的個案來看，會發現原來看似單純的分離焦慮有時候不只發生在嬰幼兒身上，諸多因素使得主要照顧者面臨與嬰幼兒分離時，產生更強烈的焦慮感，進而影響孩子的情緒感受。

焦慮相互渲染後無限擴張，若沒有好好正視並處理，轉變成毒素，家庭成員將無一倖免，畢竟家庭是與每位成員息息相關的緊密系統，誰也難以置身事外。

大人面對改變都需要花時間調適，更何況是初臨人世的嬰幼兒。倘若母親能在孩子出現害怕情緒的分離焦慮時期繼續提供安穩的支持，那麼孩子與母親都易處於正向滋養的成長環境。所以母親能察覺自己的焦慮來源，將有助於在面臨與孩子分離時，調適自己的情緒。

克服分離焦慮，孩子的翅膀長得更完整

在知名電影「少年Pi的奇幻旅程」（Life of Pi），中年Pi說了這句話讓我印象深刻：「我猜想人生就是不斷放下，但最讓人痛心的，就是沒有好好道別。」

分離是孩子成長階段必須面對的考驗，理所當然會產生挫折與沮喪，你的記憶中，是不是依稀殘留著年幼時痴痴期盼父母來接自己回家的寂寥身影？你小時候是否曾因為父母食言而失望？如果可以，讓我們從這一刻開始，練習在面對孩子的分離焦慮時，提供給他安心大力丸。怎麼做呢？

1 讓孩子有掌握感

讓孩子明確知道上學可能會遇到什麼事、父母與他分離時在做什麼事、以及父母會在什麼時候來接他。這些細節像在諮商的初次晤談中，心理師必須做的場面構成，讓個案知道在諮商室中可能會發生什麼狀況。

2 具體可行的承諾

父母務必留意不要為了哄孩子而欺騙他，例如把孩子哄到幼兒園之後偷偷離開，這會破壞親子信任關係，尤其小小孩特別需要建立安全感的時候，一而再、再而三的欺騙會讓孩子對父母失去信心。

3 實踐並保持彈性

透過一再保證的過程可以讓孩子的心安定下來，但難確保每次皆能如期做到給予孩子的承諾，保持彈性是讓孩子知道父母也有可能不得已而失約。

例如，有一次先生下班去接大女兒，卻因為塞車晚了許久才抵達校門口，雖然打過電話請學校值班導師告知孩子爸爸晚點來接，終於見到大女兒的那一刻，還是第一時間向她表達自己的歉意與無奈。

先生說大女兒輕輕牽起他的手，對他說：「沒關係，我知道爸爸一定也很著急，就像你說過心裡有我，所以我就在教室等爸爸來，你一定會來接我的，所以我不怕。」

所有孩子都得面對週期性焦慮，這是正常且普遍的現象，面對分離焦慮，得倚靠父母給予情感上可靠的供給，父母耐心陪伴與穩定回應，讓孩子知道分離與焦慮沒那麼可怕，孩子不需要單打獨鬥，父母會隨時給予必要支援。

另外要特別提醒，當孩子分離焦慮的強烈程度超越父母負荷，而且時間過長時，或許父母可以思考一下，孩子也許是透過高張力的情緒表現來得到被愛、被在乎的證明，把分離焦慮當成是與父母交流的工具。

例如，嚴重拒學的孩子，可能是為了迫使父母將注意力放在他身上，或這是緩和父母爭吵的唯一方式等，更深層的探討需要相關專業人士進行全面性了解，在此簡要提醒分離焦慮也有可能是病理性的。

最後，分享小女兒兩歲抗拒上學的經驗。天天上演鬼哭神嚎淒厲劇碼三個月後，某天早上起床我提醒她準備背書包上學（後來送孩子上學的重大任務我交給先生處理，畢竟當了全職媽媽兩年，看孩子對媽媽的依戀我深感不捨，而且孩子在父母面前的離別反應也有所差異），以為她又要一如往常哭過一輪再出門，沒想到她突然笑瞇瞇的跟我說：「媽媽，我準備好了，我哭好了，今天開始我不要哭著上學了。」

當下我的心忍不住揪了一下，替她驕傲羽翼漸豐，卻又忍不住惆悵這是看著孩子成長的滋味。身為父母的你，是否也常常有這種期待孩子長大又捨不得他長大的矛盾心態？

但願我們的下一代、現在正在長大中的孩子，皆能被父母溫熱寬厚的雙手護持，逐漸長出自己美麗的羽翼。

05

看見孩子的天賦

聰明才智不只一種，而是有許多不同形式。

——霍華德．加德納（Howard Gardner），哈佛大學教育研究院教授

「媽媽，A同學數學得到全國卓越獎，B同學跳級，班上只有我和其他三個人沒打算考私立中學，他們是學霸，我是學渣。」大女兒小學六年級時，某天回來說了這段話，讓我滿頭霧水，仔細一問才發現不得了，老師給了她非常嚴重的錯誤訊息，跟大女兒說：「你成績不好考什麼美術班？」於是，大女兒用學科成績把自己定位為學渣。

老師的反應讓我忍不住狂翻白眼，我對大女兒說：「天啊！多元智能都推廣幾年了，你們老師的腦袋還沒更新嗎？」

每個孩子都是他專業領域中的學霸

我從小就很希望在成績上有所表現，不僅是拿手的文科，就連數理我也曾企圖駕馭，然而隨著學習歲月增長，我愈來愈明白數理對我而言真的是無解天書，也因此基測成績讓我高中被分發在放牛班。

該班數學老師讓我永生難忘，他總是用不屑的態度睥睨我們，嘲諷我們是台灣「未來的垃圾」，毫不掩飾的說我們是廢人、低智商，不甘心自己退休前被分派到我們班。

他的態度讓班上多數同學直接放棄數學，我則選擇在高二升高三時參加轉科考試，脫離這個以學科成績看待學生、目光短淺的老師。

同時間，我也因為升高中後受到各種人事物大洗禮，發現自己對人的內心想法與行為表現有強烈好奇。當年在書局買下我的第一本心理學入門書，由精神分析大師佛洛伊德（Sigmund Freud）所寫的《夢的解析》（*Die Traumdeutung*）。雖然那時候是一知半解的啃食此書，卻也因此打開我在心理學領域的探索欲望。

當年我住在沒有人引導的離島鄉下，俄國心理學家奧嘉．卡麗迪蒂（Olga Kharitidi）寫下自我療癒旅程的《北國靈山》（*Entering the Circle*）一書，讓我開始勾勒未來生涯藍圖。

青春期正在發展從混淆之中探索自我認同的路，數理成績讓我受到打擊（不僅是學校師長的目光，因為數理念不來，父母也認定我是家裡最笨的孩子），幸好我的高度堅持，咬牙撐到大二轉進世新大學社會心理學系，社會學讓我衝破成長於傳統家庭所承受的壓抑力量，而心理學更讓我找到自己擅長的天賦。

我的生涯發展一路跌跌撞撞，這條路走得並不容易，好多次跌倒受傷的當下，總忍不住自我懷疑，質疑自己的能力，甚至否定自己的努力。直到挺過一次次大風大浪，幾年前我的榮格分析師引導我學會用正面眼光看自己，在這樣安全、被完全支持與信任的環境中，我走向真實與自我肯定之路。

我花了點篇幅談及自己如何走向助人的專業之路，想藉此提醒各位父母和師長，應該要捨棄以往「萬般皆下品，唯有讀書高」那種獨尊學科的過時思想和狹隘眼光。

美國哈佛大學教育研究院教授霍華德・加德納早在多年就提出，聰明才智不只一種，而是有許多不同形式。加德納教授發現，人們以很多不同的方式學習、展現出自己的聰明才智，他也注意到大腦不同區域似乎和不同聰明才智相關。

加德納教授提出多元智能理論（Theory of Multiple Intelligences，簡稱ＭＩ理論），來解釋各種不同能力，包含語文智能、數學邏輯智能、空間智能、音樂智能、肢體動覺智能、人際智能、內省智能、自然觀察者智能。

每個人在各種智能領域的能力高低不同，有人音樂造詣高但空間感較差，有人文學造詣高但舞蹈細胞差，各式各樣的組合都有其可能，只要有環境的支持與栽培，再加上孩子努力學習，每個孩子都可以成為自己專長智能領域中的學霸。

跟隨天賦，讓孩子成為他自己

曾在一位網紅媽媽的臉書粉絲專頁看到一篇貼文，她先是描述自己目前懷第三胎成天昏昏欲睡，再提到剛邁入青春期的女兒早起上學出門的高自律性，對比個性溫吞的二寶，寫出孩子天性的差異。

同樣的子宮孕育出來的小生命，同樣的父母給予的資源與陪伴，但是兩個孩子展現出來的特質大大不同，引發粉絲對貼文心有戚戚焉的留言，直呼生命真的很神奇。

是的，生命真的很神奇，每個孩子有自己獨一無二的天性，運氣好的父母可能與孩子的個性一拍即合，但模式沒有絕對的機率可依循。無論是獨生子女或是二胎、三胎甚至更多孩子的家庭，父母總會面對不同的挑戰與學習。

父母該如何在尊重孩子的個別差異之際，培育出有能力照顧自己身心靈且充滿愛與良善的孩子呢？

這裡有六大關鍵要素，父母要隨時掛記在心上：

1 傾聽

父母必須建立與孩子溝通的管道，溝通的前提是父母願意放下自己的權力與先入為主的想法，以尊重為前提，站在平等的位置去傾聽孩子內心的聲音。

2 陪伴

現代父母很忙，陪伴最重要的是重質不重量，試想A媽媽陪了孩子一整天卻手機不離眼，B媽媽整天只能陪孩子一小時卻在陪伴時心無旁騖，孩子會選哪個媽媽來陪伴？

父母的「心」在不在孩子身上，當下孩子其實都感受得到。

3 接納

孩子有自己內在的欲望與天生的樣子，以性向為例，即便在多元成家已然常態化的今日，仍有父母無法接受孩子可能為同志，導致長大成人的孩子即使早早確定了性向，卻遲遲不敢出櫃。

4 支持

如果孩子感覺到自己本來的樣子被父母無條件的接納，那麼他會產生更多的勇氣與力量，知道自己並不寂寞，父母就像永遠的避風港，支持他成為自己。

5 鼓勵

在發展過程遇到挫折是每個孩子都會遭遇的困難，這時候父母的從旁鼓勵不僅會讓孩子有更多勇氣，也有助於親子關係經營。告訴孩子失敗沒什麼大不了，無論是學業、人際或感情的挫敗皆是成長的養分，倘若孩子在失意時總能從父母眼中看見即便一身爛泥也閃耀著光芒的自己，對孩子而言就有著最滋養的能量。

6 肯定

能被父母肯定的孩子，自我發展上更有著力的方向，他會對自己滋生信心，即便一開始可能慌亂無章，但是當發現無論自己表現如何父母都會看見並給予正向的肯定目光，孩子的心理韌性將日益成長茁壯。

大女兒在一番努力後，今年（二〇二三年）正式成為國中美術班新生，我們夫妻很開心她能持續往夢想前進。在備考的那段期間，我和先生謹記前文的六大關鍵要素，給予她絕對的支持，並心疼她在學校因為學科成績不佳被師生恥笑。

女兒的堅強與正向思考讓她的國中新生活有了不一樣的展開，除了原本對於美術的熱情，現在就連學科也慢慢找到自己的興趣以及努力的目標。

父母莫忘傾聽、陪伴、接納、支持、鼓勵、肯定這六大親職教養關鍵要素。

06 親子的情感膠水，要有多黏？

依附是演化上留存下來的產物，是哺乳動物求生存的本能，所以人類嬰兒一出生就會依賴身邊重要的人，是一種與生俱來的需求。

——約翰．鮑比，英國發展心理學家

就讀研究所時，我特別選修了「客體關係理論與治療」這門課。後來我中途懷孕生產而休學一年，重返校園的時候，正值大女兒八個月大，使得這門課對我意義深遠，不僅撫慰我初為人母的焦慮，更進而影響我對親職角色的信念。

客體關係學派強調幼兒兩歲以前的母嬰關係，其中英國發展心理學家約翰．鮑比提出依附理論，影響深遠。

依附是與生俱來的需求

發展心理學家約翰・鮑比用「依附理論」鞏固人與人之間連結的必要性，他發現人類天生有內建的行為型態來提升及維繫關係。

依附是演化上留存下來的產物，是哺乳動物求生存的本能，所以人類嬰兒一出生就會依賴身邊重要的人，是一種與生俱來的需求，常見的互動行為例如哭泣、微笑、吸吮以及跟隨等，都是本能。

簡單來說，依附建立了人與人之間的關係，受到照顧品質的影響，嬰兒與父母之間的依附關係又可分為安全型依附和不安全型依附兩大類型。

1 安全型依附

安全型依附的孩子只要在穩固又溫暖的氛圍中，便能放心的發展自我人格、探索世界，即使是陌生環境，孩子仍能透過自我情緒調節讓心安定下來。

相信媽媽都有這樣的經驗，你家小寶寶從剛出生時誰抱都可以，漸漸的只要離開媽媽懷抱就哭泣，誰也哄不了。回憶起那段時間，你是不是感到既甜蜜卻又有些負擔？

嬰兒約六個月大之後，發展出和主要照顧者之間的強烈依附關係，這個時期也是對陌生人產生焦慮的時期，但是只要媽媽在附近，嬰兒就算爬離媽媽身旁，也不像以前那樣容易出現吸吮、哭泣或是攀附的舉動，因為他已經發展出內在安全堡壘。

嬰兒能否感到安全的一大關鍵，來自感受到主要照顧者的情緒狀態，研究發現，嬰兒腦部會依賴主要照顧者而跟著調節情緒，以此來緩解恐懼，感到安全、信任，進行人際連結。

小女兒六個月大時，我們一家四口飛往法國自助旅行，回想起來很佩服當時日日夜夜被高敏感小女兒折騰到近乎不成人形的我，能堅持趁著育兒空檔規劃好整個行程。這股堅持來自於我快被負面情緒淹沒，再不讓「期待」和「希望」滲入毛孔，我很難保有正能量繼續扛起全職媽媽的重責大任。

這趟旅程讓我印象十分深刻，在法國的那幾天，我親身感受到自己的情緒對於小寶寶的渲染力是如此強烈，小女兒出乎所有人意料，在異國表現出高度穩定的情緒，對照她過往醒著時，只要想哭就嘶吼無止境的活力，在法國兩週的哭鬧次數居然屈指可數。

我那時才發現，原來小女兒以前一直與我的憂傷共感，這樣的體悟讓我當下深感愧疚，決心以後無論如何都得把自己的身心照顧好，孩子才能養成安全型依附的根基。

2 不安全型依附

不安全型依附的孩子容易在害怕時退縮或孤立，面對關係時內隱信念為「沒有人想要我」，較難與他人建立穩定且信任的關係，內在一直存在對歸屬感、情感穩定的渴望。

不安全型依附有三種類型，最常見的為「焦慮型依附」與「逃避型依附」，而「混亂型依附」較少見。

形成不安全型依附的家庭環境有許多類型，以家庭暴力為例，某位在網路上頗具知名度的小兒科醫師曾以〈我打了我的小孩〉為題發文，引發諸多名人紛紛提倡保護孩子身心的急迫性。

在這個例子中，我們看到一名父親在面對育兒失落時，對孩子進行嚴厲的懲戒行為。在此我將焦點放在孩子身上，原本應該擔任安撫孩子恐懼角色的父母，現在卻成了製造恐懼的來源，無處可躲的孩子該如何是好？孩子只能拚命尋找安全的途徑。

這位小兒科醫師的行徑之所以被公開，是孩子向生母求助，那其他苦無救援的孩子該怎麼辦？他們只能轉而調適內心，可能為了討好暴力的照顧者轉而認同或仿效，甚至以封閉心門等各種扭曲的應對方式，來調適自己身心的不安全。

儘管大人施暴有千萬個理由，然而使用極端暴力手段來制約孩子，導致雙方皆承受毒性壓力，讓人最悲痛的是孩子受到嚴重情感創傷。

我總是不厭其煩宣導暴力行為會嚴重損害孩子的身心，真心期盼深受其害的孩子愈來愈少。

不安全型依附的跡象潛藏在成人內心世界中，在為人父母之後，再次經驗到孩子純真的貼附，過往掩飾的內在感受無所遁逃。

閱讀到此，你問問自己：這個世界對你而言是否安全？當你感到害怕與孤單時，通常怎麼做？

恰如其分的親子情感膠水

說到膠水，你會想到什麼呢？無非是把物品和物品結合起來的黏稠液體，放在親子關係上，父母對孩子無條件的接納與陪伴就好比膠水，適時適量的膠水黏附就如同安全型依附關係，能替孩子打造出充滿愛和滋養的安全堡壘。另一方面，過多或過少的膠水則會氾濫成災或難以黏著，造成前文提到的不安全型依附關係。

孩子剛出生時，通常媽媽會與嬰兒度過一段親密的母嬰時光，這段時期親子的依附關係就像情感膠水，將兩個人黏在一起，讓彼此都想和對方在一起，是一種天然又純粹的人我關係。

隨著相處時間愈長，媽媽開始能夠敏銳覺察嬰幼兒傳遞的信號，並即時恰當的給予回應，嬰幼兒的依附發展也會茁壯成長，這樣不僅更加鞏固母嬰關係的正向連結，也間接影響孩子日後的自信心與人際關係建立。

父母都希望與子女關係親密和諧，希望孩子能在充滿祝福的環境下成長，想要用心呵護孩子讓其一生幸福美滿。然而每個人有著獨一無二的成長背景，教養觀念當然也會不同，或許你曾不斷質疑自己的教養觀念是否正確，我也不例外。

初為人母時，我尚在念研究所，那時數度質疑能否在兼顧課業的狀態下，當孩子溫暖的依附客體。還記得當時決心復學，將八個月的大女兒托保母照顧。那陣子在台北、花蓮往返的火車上，我思念的眼淚沒停過，頻頻責備自己是個不夠好的母親。

我總是拚命縮短每週三天當日往返台北、花蓮的車程，急著回家與孩子相聚。直到有次騎機車狂飆差點與大卡車相撞，驚魂未定中才反省，就算再愛孩子，我還是必須先把自己照顧好，也就是父母得先調整好自身親子依附濃度的界線，〈18因愛窒息的孩子〉（見一四〇頁）會再提到「剛剛好的父母」的概念。

套用科學家的說法：父母的教養方式確實影響了嬰兒腦部結構的差異，但沒有人是完美的父母，重要的是讓寶寶感覺到父母細心且積極的照料著自己，這樣就很足夠了，只要努力嘗試，父母會知道寶寶想要什麼。

各位父母請相信自己，我們都可以是孩子最恰到好處的情感膠水。

07 打造孩子的安全堡壘

學校老師如果能成為孩子的過渡性客體，那麼孩子會產生相對的安心感。要是學校老師過於權威，讓孩子心生懼怕，可能大幅提高孩子抗拒上學的機率。

二〇二三年寒假，我們一家展開為期半個月的瑞士自助旅行，行程中最大的挑戰，莫過於帶著孩子跋山涉水攻頂少女峰。

事前我們夫妻和孩子花了不少時間溝通，包括會遇到嚴寒氣候、體能挑戰等可能的風險，她們聽完仍躍躍欲試，於是在確定一家四口的意願後，我將登頂少女峰排入行程。

我們抵達少女峰頂的入口時，因為出現些微高山症現象，再加上繞了大半個小時的路，精神有點疲憊。雖然爬上峰頂需要挺過一小段山坡，熬過零下十七度的低溫和冷冽的風雪，小女兒仍堅持和我們上去看看。

一個身材瘦小的六歲小女孩意志力有多驚人？攻頂的路程阻礙重重，連身為大人的我都覺得舉步維艱，更何況是小女兒。我牽著她的小手，一路上不時大聲詢問她的狀況（風大到幾乎聽不到我們的聲音），她總是回我說沒關係，牽著媽媽的手不會怕。一路撐到制高點的國旗處，她才終於忍不住告訴我說臉被雪打到有點痛。

我們回到室內後，見有些同齡孩子下山哭紅了眼，我問身旁的小女兒這一路的心情。

她說：「我有點怕，但是想到有媽媽在，那個害怕的感覺就不見了。」

什麼是安全堡壘？

「想到有媽媽在，那個害怕的感覺就不見了。」小女兒的回應，當下也讓我感受到自己在她心中築起的安全堡壘是可靠且讓她心安的。

「堡壘」在名詞釋義上是在重要地點為軍事防禦而設的堅固建築物，而形容詞「安全的」英文 secure 原意為擺脫憂慮、恐懼、焦慮或驚恐。

「安全堡壘」是心理學「客體關係學派」談母嬰關係時，非常重要的專有名詞，臨床上常以依附對象描述安全對象或提供安全堡壘的人。以新生兒來說，大部分主要照顧者是媽媽，所以媽媽是小嬰兒生命最初始的依附對象。

安全堡壘又分內在堡壘和外在堡壘，先來說明外在安全堡壘。

1 外在安全堡壘

意指現實生活環境中，所能提供給孩子的安全性，對於學齡前的孩子而言，莫過於固定、溫暖的住家。

產後入住月子中心的媽媽對於嬰兒的環境適應問題，肯定更有感觸。離開月子中心返家後，總會需要一段過渡期，小嬰兒已在月子中心建立初到人世間對環境的相對安全感，再加上照顧的醫護人員經驗豐富（母嬰同室某種程度上，在協助親子彼此熟悉），很能掌握嬰兒的需求，所以回到住家後，主要照顧者需要經歷與小寶寶建立默契的陣痛期。

等到孩子再大一點，到了學齡期該去上學，學校與同儕團體能否給予足夠的安全性？

例如剛上學，孩子面臨分離焦慮的時候，學校老師如果能成為孩子的過渡性客體，也就是所謂次級主要照顧者的角色，那麼孩子會產生相對的安心感。要是學校老師過於權威，讓孩子心生懼怕，可能大幅提高孩子抗拒上學的機率。

以我家大女兒為例，幼兒園小班時，有位年輕老師或許是承受不了孩子們的旺盛精力，出現對孩子體罰及對家長編造謊言等行為。重口慾的大女兒曾經有幾次因為不聽話被剝奪吃點心的權利，我在聯絡簿上與老師溝通，對方編了一堆荒謬理由，比方大女兒因為尿濕褲子延誤了吃點心時間。直到後來有多位家長反映，那位老師才被辭退。

另外，孩子與同儕的契合度，也會大大影響孩子的上學意願，同儕不僅可以激發孩子在團體合作中學習，透過「玩」也會讓孩子身心發展更健全。

2 內在安全堡壘

即孩子內在的運作模式，也就是他內心小劇場的運作，其中包含對於自我和他人的認知、情緒和行為表徵，以及關係的連結。最初的內在運作表徵，在於孩子與初始主要照顧者的互動，也就是母嬰之間的關係。

尚未用語言表達之前，嬰兒透過哭泣、微笑等來表達自己的感受，這個時候若媽媽能給予孩子期待的回應，比方說寶寶嚎啕大哭，媽媽可以清楚知道這時候的寶寶是肚子餓、尿布濕還是無聊，而且回應並滿足孩子的需求。親子雙方的心理狀態若能達到平和，有助於孩子的心智發展。

和孩子一起打造專屬的內在安全堡壘

父母不一定可以全盤掌控孩子的外在堡壘，畢竟其中牽涉許多人事物，然而孩子的內在堡壘與父母息息相關。

當孩子沒有足夠安全的內在堡壘時，他會感到焦慮，在發展階段遇到困難的時候，孩子感受不到被接納、支持與鼓勵的力量，難以滋生克服困難的勇氣，甚至出現各種退化、固著現象。

要是孩子無法順利發展內在心智，自我概念含糊，以至於沒有足夠內在能量去抵擋外在刺激，那麼他遇到挫折時，較容易感到無所適從，進而自我否定，或許做出厭惡生命的言行舉止，這樣的實際案例並不少。

以我在高中實習的經驗來說，自殘的青少年與原生家庭父母的內心距離通常相當疏遠，很多時候我們可以看見父母捧著滿滿的愛，然而孩子難以吞嚥，甚至不屑一顧，雙方的心背道而馳，讓人好生惋惜，替他們感到心痛！

既然知道安全堡壘會影響孩子終生，父母該如何與孩子共同打造專屬的安全堡壘呢？

首先，父母必須要進行自我反思。現在育兒界的名言佳句是：「有快樂媽媽，才會有快樂寶寶。」

母親的焦慮和孩子的不安全感息息相關，以〈04沒完沒了的分離焦慮〉（見三四頁）談過的雙向分離焦慮為例，媽媽有必要省視自己「過度」的分離焦慮感。

如果媽媽分離焦慮過於嚴重，會導致孩子無法放手離開。

甚至有些媽媽不自覺對孩子出現言語或情緒上的勒索行為，例如每當孩子要去上學，媽媽總是對孩子說：「寶貝啊，媽媽沒有你都笑不出來了，你就是帶給媽媽快樂的唯一理由，一定要隨時想著媽媽喔！」孩子無形中被迫符合「父母心目中好孩子」的期待，媽媽說沒有自己就無法快樂，所以孩子的心只能繼續懸掛在媽媽身上，難以在分離時探索個體樣貌。

如果父母不斷延宕對孩子放手的時間，導致親子情感過於糾纏，唯有父母有意識的覺察自己的狀態、更貼近自己，並願意梳理自己成長過程的未竟事務（Unfinished Business），也就是過去未完成的經驗（詳細說明見〈後記〉〔二八三頁〕），包括童年原生家庭創傷、人我關係等，才能在處處充滿「照妖鏡」的育兒路上，給予孩子更加真實、正面的能量，否則當父母將自身陰影投射到孩子身上，對於雙方皆會產生傷害。

再者，親子心靈互動的同步性，也就是情緒的對焦亦不容小覷。當孩子總是感受到自己任何面向都可以被父母接納的時候，他更容易對自己產生信心。

也就是當孩子成長在被滋養、護持的親子關係中，他的內在表徵會具有「可愛的自我」和「會回應的他人」，帶著令其享受的互動，並且穿插著對有趣世界的興奮探索，因為孩子知道自己是安全的，安全的孩子所展現出來的安全感，父母是可以感受到的。

第二章

教養現場的百態

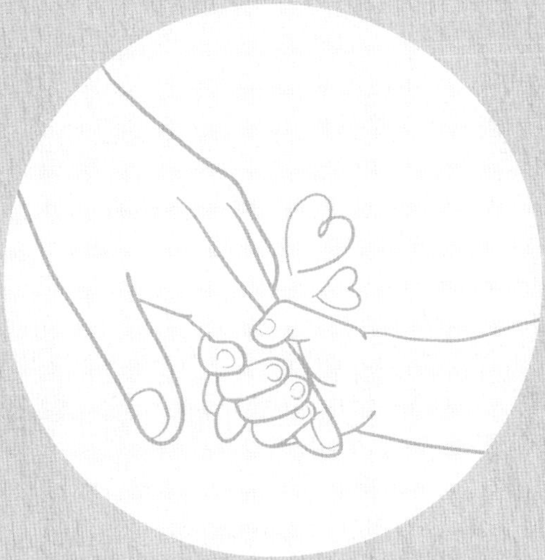

08

被虧欠感啃食的父母

傾聽孩子內在真正的需求，讓孩子在安全與被支持的環境中，勇敢表達內在聲音，即便遇到困難，也能在父母的支持與鼓勵下，繼續去實踐自我內在的渴望。

「我上輩子一定欠他很多，這輩子來還債的。」這句話讓你想起誰的故事嗎？

孩子表現不好，都是我咎由自取？

我研究所畢業論文的主題是「繭居族」，這份論文的完成過程並不順利，因為做質性研究需要找到願意接受訪談的對象，但所謂的繭居族即是很少與社會接觸、長期窩居在家的族群。幾經尋找，終於陸續在網路上徵到四組孩子繭居經歷超過兩年的家庭，分別從當事人及父母的視角切入做深度訪談。

繭居族又稱啃老族，簡而言之就是有賺錢能力卻窩居在父母家，靠著父母金錢支援度日的成年人。在研究論文中，我和指導教授發展出以「放棄」為核心的模式圖（見下頁圖１），長大成人的孩子放棄自我生涯三大關鍵因素：原生家庭、自我認同及成長經驗。

就原生家庭因素來說，父母給予孩子金錢為了彌補現在的狀態，父母將孩子放棄對外連結、放棄自我發展的責任歸在自己身上。相較於父母用金錢來彌補孩子，繭居者則是利用放棄來控制父母的金援，將賺錢的責任交給他們，對孩子而言，放棄也是一種被父母看到的方式，金錢成為父母與孩子溝通的橋梁。

「孩子不好，是我的責任。」從幾位受訪者的視角，我看見自己父母的影子，他們辛苦工作，對孩子的愛大都以物質呈現，給予孩子相當豐厚的物質生活，但心靈互動卻十分薄弱，形成「有養少教」的樣貌。父母對孩子有滿滿的愛，卻也對子女過度保護，滿懷「我是為你好」的愛意，卻忘了傾聽孩子內在真正的需求。

圖 1　從系統思維看放棄歷程之模式

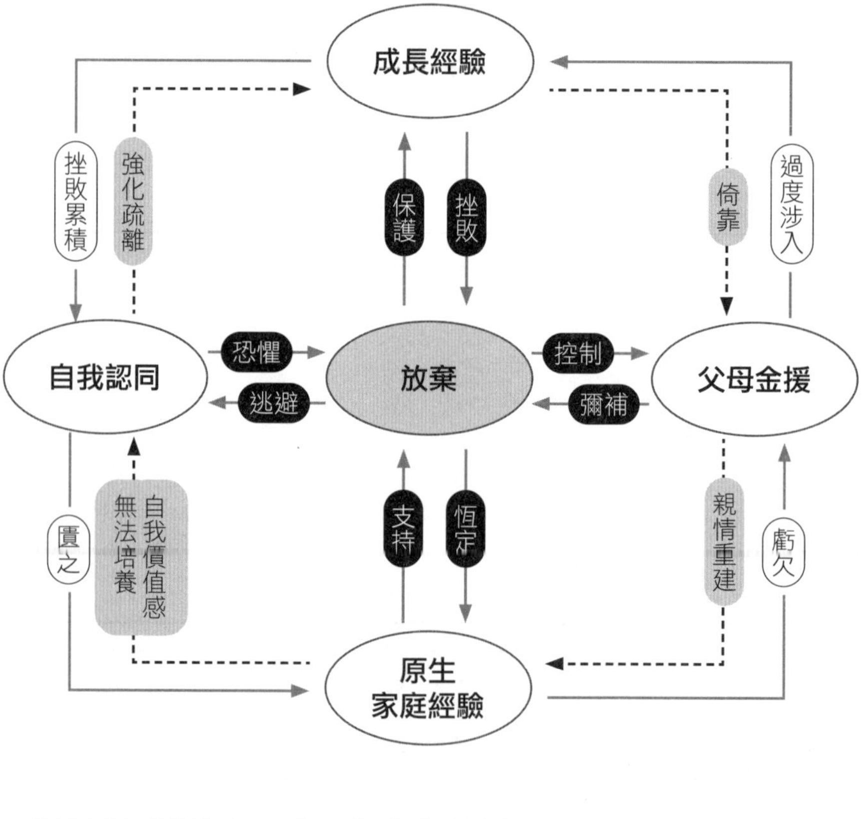

資料來源：許妮婷（2015）。《37℃的冰封城堡 — 尼特族的家庭故事》。碩士論文。國立東華大學。

我曾心疼的詢問親友長輩這樣不辛苦嗎？他們的回答和受訪家庭父母的說法很類似：「沒辦法啦！我只能當做自己上輩子欠他太多，這輩子來還債的。」

從繭居族的視角出發，又是怎麼想的呢？

爸爸、媽媽，你們願意相信我嗎？

受訪者一：「我小時候抵抗過好幾次爸媽硬要我做的事，他們沒聽進去我的想法就算了，還把我的反抗當成是有病，帶我去看身心科吃藥。」

受訪者二：「我從小就不喜歡念書，爸媽又強迫我一直去補習，成績依舊沒進步，他們說我將來沒出息，我就真的如他們所願變成沒有能力養活自己的人。」

受訪者三：「我本來有幾次機會想要振作，但爸媽都不相信我。」

我曾與自己的繭居族親友談過，他們從小捧著薄弱的自我認同感，數度萌生跨出去的勇氣，但每每跌倒後便會不由自主衍生恐懼與自責，彷彿再次驗證父母眼中「永遠不夠好的自己」，父母永無止境的金錢贊助反倒變成扭曲的支持，讓孩子誤以為這是他們在如今困境中的唯一選擇。

其實，長大成人的孩子並非無感，我從受訪者口中不時聽到他們了解父母的自責與虧欠，希望能幫忙減輕負擔，期許至少能養活自己不讓父母擔心，希望能拉近與父母的距離。對受訪者而言，由於在家裡的時間變多，親子互動無可避免增多，與父母的關係不斷來回拉扯，形成系統間平衡之關係。

當年論文的結語我有感而發寫下：「經過長達一年多的探討，我深刻體會到父母作繭自縛中產生的無能為力，親子之間彼此心靈飽受摧殘，明明有愛，卻只能以控制、彌補的方式互相束縛，沒有誰是贏家，大家都受了傷。」

有意識的覺察自我

我小時候在鄉下長大，常常聽說隔壁鄰居的家庭故事，對一位總愁眉苦臉的老母親印象深刻，一輩子省吃儉用為了給孩子最好的，別人家的孩子有一顆糖，她給自己的孩子五顆，她以為這樣會讓孩子感受到媽媽的愛，卻沒想到孩子的胃口愈養愈大，五顆糖早已不能滿足孩子。

等到後來她發現無論給得再多，孩子的胃口就像無底洞填不滿，長大了沒有適應社會的能力，屢屢對人生感到挫敗，選擇窩在家裡，這時她終於意識到把孩子寵壞了，但她卻回頭告訴自己：「都是我沒有能力，教出一個失敗的孩子。」她對於母職的自我詮釋，讓她決心扛起責任照顧孩子一生，即便自己已垂垂老矣。

當孩子的身心發展不如父母預期的時候，父母往往會出現各種源於自我信念的評斷，有的父母傾向自我責備，有的將矛頭指向環境，但可惜的是忽略了最關鍵的根源：傾聽孩子內在真正的需求。如此簡單，但的確是親子關係向善的唯一祕方，也就是讓孩子不管在哪個發展階段，都能在安全與被支持的環境中，勇敢表達內在聲音，即便遇到困難，也能在父母的支持與鼓勵下，繼續去實踐自我內在的渴望。

每個孩子絕對都有資格獲得父母的愛，所以父母更需要養足自己的能量，倘若沒有充分的自我意識，拚命給予孩子的同時，可能帶來相對的危機，讓親子關係變調。

每個成人身上都帶著或大或小的過往傷口往前邁進，幸運一點的人一路上閃開風險，直到當上父母，過去的未竟事務才一次次在育兒過程浮現。

最常見父母苦惱孩子各種不配合行為，導致失控吼孩子甚至動手，造成事後的懊悔和親子關係的裂縫，因為說不出口或弄不清楚自己行為背後的真正成因，只好透過外在物質來彌補親子裂縫，以為是表達愛和關心的唯一管道，殊不知孩子的心也開始留下和父母當年同樣的傷口。

每個孩子都有自己的人生難題，更何況是父母。每個父母也有自己人生的難題得面對，你願意走入心裡，好好看看自己嗎？

09

愈不可愛的孩子，愈需要愛

被愛過的孩子，從一開始就知道如何去愛，他對自我的詮釋是由衷相信自己是可愛的，而這樣可愛、值得被愛的關鍵，來自父母的教養態度。

數年沒剪過短瀏海的大女兒，終於下定決心剪成氧氣瀏海，為了與女兒對頻，我還特別上網做功課，了解現在年輕人的髮型名稱，發現還有八字瀏海、空氣瀏海等，看得我一頭霧水，其實就類似中分、旁分、妹妹頭之類。

大女兒剪髮回家，一進門我和先生忍不住讚美，結果上一秒才邊吃飯邊和爸爸聊遙控飛機聊得興高采烈的小女兒，突然開始大吼大叫，怎樣也不願意吃飯，上演最拿手的鬧到底好戲。

先生似乎也覺察到不對勁，搶先一步安撫情緒暴走的小女兒，主動邀約她下週六再去看其他遙控飛機。隨著爸爸的目光回到她身上，小女兒的心情漸漸平復，但當她看見洗好手坐上餐椅準備享用晚餐的姊姊時，突然開始低聲啜泣。這時換我走到她身邊：「你發生了什麼事？可以告訴媽媽嗎？」停頓了五秒，她突然激動的大喊：「你們都不喜歡我了，只喜歡姊姊。」

席捲親子平和的情緒風暴

無論孩子幾歲，父母難免有被孩子鬧到快情緒失控的時候，家有高需求孩子的家庭更是司空見慣。新手父母總是不乏熱心親友提供經驗，說這是育兒必經之路，忍過去就海闊天空。更激進一點的會說孩子就是欠打，打了就會乖了，為了增加可信度，還會貼心舉例「某個聽話孩子的養成記」，以做為其威脅恫嚇、暴力教養有效的佐證。

親職教養是我諮商工作的主要晤談項目之一，我曾陪伴許多生涯原本一帆風順、直到養兒育女才發現處處不順利的個案走過難關。

孩子的生理與心理發展就像拼圖的過程，試想眼前有上萬片拼圖需要完成，父母得花多少時間與耐心才能找到每塊小拼圖的位置？拼湊過程難免因為疲累、眼花而著急，即便你再急，拼圖也不會自己完成，不會因為你生氣突然變得容易，父母用威脅、剝奪、甚至暴力方式企圖控制孩子難以管教的失控場面，只會種下以後親子之間擦槍走火的種子。

再者，大腦皮質在情緒控制上還沒發育完全，孩子不成熟的自我有時候會招架不了內在情緒風暴而亂發脾氣，這時常見父母絞盡腦汁給予孩子最大的支持，或是詢問親朋好友經驗、閱讀教養書、尋求教養諮詢等想盡辦法改變現況，但情況並沒有隨孩子年紀增長而收斂、改變或消退，這對父母而言是何等挫敗。

面對孩子的情緒風暴，父母得先放下過度自責，尤其在盡心盡力之後，必須先放下期望成空的失落，否則容易陷入「差勁父母」的暗黑漩渦中。

教養無法速成，絕對不是每次付出都有立竿見影的成效，對某些孩子而言，他們在情緒控制上需要更多時間去認識自己、找到方法與自己相處。父母除了繼續給予穩定且溫暖的環境，適時自我覺察，給親子之間一些空間與耐心，有一天父母會發現原來這些所謂的修練，需要時間淬鍊，而淬鍊之後的父母和孩子，都將成為更好的自己。

又或者，孩子持續性的大吵大鬧背後，也有他想說的話。

聽到孩子行為背後的需求

再將焦點轉至孩子身上，他為什麼容易情緒失控呢？首先，每個孩子的先天氣質有其獨特性，再伴隨後天環境的交互作用，孩子的主要人格樣貌就這樣經年累月逐漸定型。

1 先天的氣質

「你兒子跟你小時候一樣皮。」「女兒跟我小時候好像喔！很愛哭又很愛吃。」父母看自己的孩子是否會覺得像是看到縮小版的自己，出現難以言喻的既視感？基因遺傳已有諸多科學實驗證實，這點無庸置疑。雖然父母可能會在孩子身上看見自己的影子，但同時也會觀察到他天生獨一無二的個性。

以我大女兒為例，從星象學的角度來看，她是獅子座，應該屬於愛社交、到處趴趴走的性子，但細細觀察她的個性卻是不愛競爭、溫馴隨和，我常笑說大女兒與我認識的獅子座好不一樣。而巨蟹座的小女兒更是打破我對巨蟹女孩的既定認知，她喜歡挑戰，個性熱情奔放。

2 後天的教養

孩子出生之後，其本性是否可以在充滿滋養的環境中被涵容，將影響他長大之後的自我概念及關係模式。一個被愛過的孩子，從一開始就知道如何去愛，他對自我的詮釋是由衷相信自己是可愛的，而這樣可愛、值得被愛的關鍵，來自父母的教養態度。

我經常在諮商室中問個案：「你覺得自己在父母眼中是什麼樣子？」

誰不希望生到好吃、好睡、好脾氣的天使寶寶呢？反過來說，哪個孩子不希望父母可以接納任何樣貌的自己呢？

我最喜歡的繪本《不管怎麼樣你都會愛我嗎？》（*No Matter What*）中，小狐狸把世界鬧得天翻地覆來探詢媽媽對自己的愛，而狐狸媽媽溫柔又一致的回應穩定了小狐狸的不安。

書裡的小狐狸彷彿是我小女兒的雛形，讓父母理解當孩子發怒時，他們其實是無所適從，只能透過表達負面情緒來排空內在混亂。

假如父母更進一步聽到孩子生氣背後的可能需求，可以做什麼呢？回到前文餐桌現場，當小女兒激動大喊：「你們都不喜歡我了，只喜歡姊姊。」這時，我先去抱緊她，並用眼神暗示先生和大女兒。

我：「媽媽喜歡你！好喜歡好喜歡！」

先生：「爸爸也是喔！你是爸爸心中永遠的可愛第一名。」

大女兒：「我也喜歡你啦！你不鬧的時候很可愛。」

我們三個紛紛給了小女兒擁抱，當下的氣氛相當溫馨（雖然小女兒因為姊姊說只有不鬧的時候很可愛小小抗議一下），擅長情感催化的我在當下又說了一些會保護她的話，我們陪著她再次走過內在情緒風暴。

孩子之所以是孩子，因為他們的身心靈仍處於萌芽階段，需要父母悉心的照料；當你覺得眼前這孩子的行為舉止不可愛時，其實是孩子發出求助的徵兆，需要父母多點耐心與時間找出「不可愛」的原因，給予理解與安撫，讓孩子知道自己是全然被父母接納的。

父母請記得，要讓孩子可以做自己，並且可以在童年的每個當下真實體驗與正視自己的感受。

10 你希望孩子是乖乖牌嗎？

創造安全氣氛，相互尊重與信任的環境，讓孩子能坦誠表達自己內在的感受。

「哇，你女兒好安靜、好乖，很帶得出門耶！」

「我兒子很懂事，每次我跟老公吵架後，兒子從來不過問，就只是默默待在我身邊。」

先前談了會吵的孩子，現在來聊聊好乖的孩子。

乖的孩子就等同於懂事嗎？

乖孩子有他內心的需求嗎？

對某些孩子來說，展現出「乖」是否有其象徵意義呢？

乖乖牌的三種型態

1 天然乖的孩子

一直以來有個江湖傳說：「若父母上輩子做了很多好事，老天爺會賜予你天使寶寶。」我懷第一胎時，經常瀏覽網紅媽媽的部落格文章，悉心研究各種產後作戰計畫，那時才知道原來小嬰兒有兩種屬性，一種為好吃、好睡的天使寶寶，另一種則為超鬧、超難哄睡的惡魔寶寶。

我算運氣不錯，大女兒好吃、好睡，六個月大送托保母照顧很快就適應，我也因此能展開復學之路。就因為這一切看似可掌控，我曾一度產生育兒不難的幻覺，天真的以為自己上輩子是個大善人，才會生出這個天使寶寶。小女兒的誕生，讓我的自大感一一幻滅，被折磨到近乎患上產後憂鬱症，不禁自問到底上輩子造了什麼孽。

說完自己兩種截然不同的育兒經歷，現在來聊聊什麼樣的孩子是天然乖。這樣的孩子天生氣質溫馴，極好相處，較為老實，讓大人打從心裡認定這是個聽話的孩子。

記得我懷小女兒時，帶五歲的大女兒回澎湖娘家小住，那時我已經是懷孕後期，經常嗜睡。有天下午我昏睡了四個小時，大女兒全程陪伴，阿嬤怕她無聊，問要不要出去玩，她總說要陪在媽媽身邊，就這樣不吵也不鬧，靜靜陪著我。大女兒的乖巧與貼心，阿嬤看在眼裡相當感動，每每回憶起來，就不禁對她滋生更多疼惜。

天然乖的孩子更需要被父母疼愛，因為他們隨和好相處，一不小心可能被遺忘，以為這種孩子不需要太多關注，以為他們沒說出來就是不需要。還記得上一章我們提到依附是人類與生俱來的本能，研究指出，孩子生活於安全型依附關係中，對於其自我認同有絕對的助益，他們願意並喜歡與真實的自己共處。

2 順從乖的孩子

這類孩子是有目的性的乖，將「乖」當做達到目的的工具。我有一個朋友相當聰明，善於社交、人見人愛，某次聊起他與原生家庭的關係，才知道他從小觀察哥哥及妹妹不斷對父母索取，令父母相當反彈，再加上爸爸常常說他這麼乖，真像爸爸，於是朋友有意識的發展出隨和乖巧的好脾氣，在家中學會以「乖」來凸顯自己，久而久之也習慣以聽話的方式來取得與家人間的平衡，自然而然成為父母最疼愛的孩子。

他的確達到目的，成為父母最愛的孩子，但同時衍生不少困擾。例如因為他過於順從，家人覺得他沒有想法，經常幫忙做決定，他覺得自己在家裡猶如父母的附屬品，像是個傀儡任由父母操作，即使被弄疼了想休息也無法表達，在父母心中他已經被定型，乖寶寶是不會說不的。

記得童話故事《美人魚》女主角愛麗兒被烏蘇拉奪走聲音嗎？美人魚愛麗兒無法展現最自信的歌喉，有苦難言。每個孩子心底都有需要被重視及關愛的部分，有賴父母用心灌溉，難以發出內在聲音的孩子，就算歲月流逝，也只能讓內心無奈的處於貧瘠狀態。

朋友說，他的願望是某一天能在父母面前暢快說出這些年來自己偷偷摸摸做了多少他們不知道的事，期望父母聽完會給他一個大大的擁抱。

3 被迫乖的孩子

二〇一九年，新北市爆發一起肉圓家暴事件，引起媒體和輿論的關注。幫父親買肉圓的乖巧小男孩只是忘記加辣，就被父親痛打。

我有個多年老友從小生長於家暴家庭，長年籠罩在恐懼與絕望之中，他說自己是高敏感孩子，小時候父親不允許他表達內心想法。

他回憶某次在學校受了委屈傷心無比，食不下嚥卻被媽媽強迫吃晚餐（否則爸爸會罵媽媽），當時他只能忍著情緒，哽咽吞下和著飯菜的滿腹委屈，後來爸爸看見他的淚水，問他哭什麼？旋即推倒整桌飯菜，把他抓去房間痛打一頓。當老友提及自己的童年，表示「乖」是唯一選擇。

「被迫乖」的孩子，長大之後需要處理的不僅是內在需求的釋放，還可能因為伴隨童年創傷，在關係建立上更加敏感，畢竟當年被壓迫要成為聽話的孩子，不只內心的真實想法被剝奪，且在照顧者情緒不穩定的狀態下，難以對人產生信任感，他們能做的只有幫自己創造保護罩，隨時提高警戒以策安全。

「乖」到「懂事」的距離

無論是哪種形式的乖，背後的核心原因是「需要被看見」。以依附理論的觀點來看，依附關係是人類生存必要的安全天堂，而「關係」會讓彼此更有自信與安全感以因應外界的挑戰。

孩子展現出來的乖，希望得到父母的「可親性」（Accessibility）與「回應性」（Responsiveness）。例如，當孩子需要時，會得到父母的支持、可以親近父母、父母會在乎等。對於孩子而言，「乖」的所有形式無非是希望獲得更安全的環境。

乖與懂事是否能畫上等號？「懂事」在名詞釋義上的意思是了解別人的意圖或明白事理，如果就單方面來看，順從乖的孩子似乎可以稱得上懂事，然而對所有孩子而言，最一開始要先建立的應該是他們對於關係的穩定性，也就是〈06親子的情感膠水，要有多黏？〉（見五〇頁）提及的養出安全型依附的孩子。

安全型依附的孩子看待自己時，知道自己是有價值且完整的，看待世界知道是安全且可以信賴的。然而，順從乖的孩子的乖並非全然出於內心，孩子是在渾然不自知的狀態下，囫圇吞棗發展出乖與懂事的連結。

「乖」淪為達到目的之手段，孩子錯失探索自我內在的黃金時期，在沒有打穩自我地基的房子裡，無論孩子的自我成長再華麗，還是會因為建材偷工減料，耐不住風吹雨打的長期折騰而崩垮。

建議父母可以嘗試了解孩子「乖」背後的聲音，而非純粹認同他們表現出來的乖。分享一個貼近孩子內心的實作法，我參照人本主義心理學之父卡爾・羅傑斯（Carl R. Rogers）對於「會心團體」（Encounter Group）賦予的意義（即以個人為中心創造安全氣氛，相互尊重與信任，坦誠表達自己內在的感受），改造成我不定期為兩個女兒設計的「女生之夜」。

我趁著先生不在家的週末夜晚，點燃孩了喜歡的香氛蠟燭，三個人圍繞著微弱的燭光（還有落地窗照射進來的光），傾訴近日心情。我通常會耍點小心機，透過拋磚引玉的引導，讓孩子自然而然透露出內在感受，再邀請另一位成員給予正面回饋。

整個過程約半小時到一小時，效果非常好，對親子關係有所助益，強烈推薦。依據你對孩子的了解，打造出你們專屬的「親子會心時光」，絕對讓你有意想不到的效果。

最後提醒大家，如果我們希望孩子發展出真實的自己，那麼父母勢必得更多點耐心，去看見並欣賞每個孩子獨一無二的內在璀璨。

11

親子關係是父母童年經驗的翻版

真誠的愛是發自內心去照顧與尊重對方，相互負起自身責任和深入了解，並且鼓勵所愛的人主動追求生命的美好，彼此能在健康且充滿活力的關係中成長。

——佛洛姆

親子關係是父母自身經驗的重演

四十歲的瑞玲是位全職媽媽，育有二女一男，大女兒今年高三、二女兒國三、小兒子國一，先生長年在海外工作，家裡大小事務全由瑞玲一肩扛起。

因為父親的暴力傾向、母親的忍氣吞聲，瑞玲從小立志遠離原生家庭，她對父母既愛又恨，既心疼又厭惡。好不容易撐到高中畢業，她頭也不回遠赴他鄉謀生，以為就此脫離父母的身心束縛。

瑞玲工作五年後遇見了先生，他甜言蜜語承諾給瑞玲一個幸福美滿的家，讓瑞玲在二十二歲那年走入了婚姻。結婚的第一年，她沉浸在滿滿的粉紅泡泡中，如願懷上第一胎，並在先生的提議下辭掉工作，全心迎接家庭的新成員。

孩子順利誕生後，原本先生對瑞玲仍是呵護有加，但她懷第二胎的時候，碰巧先生頻頻被外派出差，瑞玲除了要應對孕期不適，還要應付宛若小惡魔的兩歲女兒，三不五時的抱怨讓工作忙碌的先生顯露不耐，過往對瑞玲的溫柔與耐性逐漸磨損。

夫妻開始不時起口角，每次吵架後先生就拋下她和孩子摔門離去，以工作繁忙為由幾天不回家。瑞玲也曾窮追猛打，懷疑他夜不歸營的去處，沒想到卻引發先生的怒火，狠狠打了她幾個巴掌，丟下一句：「問什麼問，家裡都是我在賺錢，我最大。」

幾次被先生暴力相向後，瑞玲只能把重心轉移到孩子身上，先生的漠視，甚至看到他手機相簿裡的第三者，瑞玲都為了孩子睜一隻眼、閉一隻眼。

然而，隨著先生對婚姻的冷漠，瑞玲對於孩子的耐心也逐日消逝，她每天都好希望孩子趕快長大，被困在母職角色中的她，有種回到從前在原生家庭中被父母困住的痛楚。她變得對孩子喜怒無常，甚至不自覺將被先生漠視的悶氣遷怒到孩子身上。

某一天，她整理大女兒房間時翻到她的日記本，上面寫著：「我好討厭媽媽，只會仗著自己的權力來打壓我們，從不聽我們好好說話。我好想快點離開這個家，離開媽媽設下的監牢。」瑞玲看到這篇日記，瞬間淚流滿面，上面字字句句對媽媽的指控，不就是當年她對自己父母的心情嗎？如今她卻成了自己當初最討厭的樣子，瑞玲對自己的人生感到無限悲哀。

親子關係是父母自身經驗的變形

父母都希望下一代過得幸福快樂，不會重蹈自己的覆轍，所以再苦再累都甘之如飴。然而，父母育兒路上，有多少次驚覺自己重現當年原生家庭父母對我們的互動方式？前文寫到瑞玲重現當年的親子關係，現在來談談親子關係的變形。

品薇早年喪母，父親自己帶大四個孩子，品薇排行老二，為了分擔家計，國中畢業開始工作，她當時發誓，以後要是當母親，絕對要給孩子最好的資源，要讓孩子成為有身分地位的人。

她成為母親之後，嚴格管教孩子，用高壓的方式要求孩子達成一定的學業表現，不給孩子生涯選擇的空間，堅持唯有當醫生才是孩子成功的象徵。

當孩子終於考上了醫生之後，便決定與品薇斷絕聯絡，她難過孩子的忘恩負義，但孩子告訴她：「我從來就不想當醫生，我就像是你的傀儡，你知道在你身邊我有多不快樂嗎？」

品薇的案例是早年親子關係的變形之一，她將自己早年物質上的匱乏，解讀成給予孩子物質等同給予愛，相信為了孩子好，必須控制對方的生涯選擇，但卻忽略了真正的愛。

所謂真正的愛或許可以參考心理學家佛洛姆在著作《愛的藝術》（*The Art of*

Loving）中所闡述的：「真誠的愛是發自內心去照顧與尊重對方，相互負起自身責任和深入了解，並且鼓勵所愛的人主動追求生命的美好，彼此能在健康且充滿活力的關係中成長。」物質的不虞匱乏是好事，但要適時適量，以免成為一種匱乏與彌補的親子關係變形。

以心理學家馬斯洛（Abraham Maslow）的需求層次理論而言，最底層生理的現實需求必須滿足無庸置疑，進而一階階走往「安全」、「愛與歸屬」、「自尊」、「自我實現」與「自我超越」，這一層層的需求累加，最終回到個人內心深處。由此可見，對於孩子而言，心靈層面給予的親子之情影響更深遠。

孩子是孩子，你是你

成人心中難免藏有祕密，可能是開心的、甜蜜的、可怕的或痛苦的，要如何整合自己的內心，使教養路上保有真誠一致的態度去貼近孩子呢？尤其感覺脆弱之時，是否總卡在某個癥結點上呢？初為父母時，你是否曾深深期許自己並不斷試圖在教養路上實踐？

當結果不符預期時，難免出現挫敗感。不要慌張，教養出現挫敗感是普遍且正常的現象，出現這樣的感受時，別急著將其歸類為壞事，因為這不僅象徵你的孩子逐漸長出自己的樣子，也提醒你可以打鐵趁熱和過去的自己交談。

以我大女兒為例，她的數學成績讓我們束手無策，我總是笑笑調侃她是遺傳到我與數理不對盤的基因，剛開始央求陪讀的先生在數學上多一些引導，畢竟以我自己的經驗來說，數學真的很難理解。

但是後來大女兒幾乎放棄數學，她小學六年級下學期時，我才意識到自己將過往對數學的不愉快經驗放在大女兒身上，導致她少了被鼓勵與支持的機會。她小學畢業升國中前的暑假，我與先生連夜討論，決定讓她接受數理專業的補習輔導，大女兒對於數學的學習熱情與信心，隨著我們拓展她接觸數理的環境而產生變化，愈來愈期待上數學課。

從我和大女兒的數理連結，我再次意識到當父母過於將自身經驗放在孩子身上，一不小心可能限制孩子的學習潛能，父母唯有保持自我覺察並與孩子維持內在交流，才能隨時更新且滿足孩子的成長需求。

再次提醒父母，你是你，孩子是孩子，你們都是獨立個體，父母能做的是在滋潤自己的同時，也好好滋養親子關係，而非讓親情的壓力繼續傳遞下去。孩子不是父母的複製品，你的孩子需要你，也需要發展他自己。

12 巨嬰是如何養成的？

父母過分關心孩子不是因為他們太愛孩子，而是他們不得不以這種方法彌補自己沒有愛孩子的能力。

——佛洛姆

近年網路上常看到女性以「豬隊友」、「神隊友」、「大兒子」、「媽寶」等稱呼來戲謔伴侶的言行舉止，在成為父母後，若對新角色難以適應，甚至有所抗拒，這時候孩子往往是首當其衝的受害者。

巨嬰的誕生

「我同學真是超有公主病，喜歡到處使喚別人幫她做事，而且我發現她還會在老師面前裝可憐，一下說肚子痛，一下說頭痛，但下一秒繼續活蹦亂跳。」大女兒經常與我分享她在學校的觀察，挺有意思的。

如果在網路上搜尋「公主病」三個字，大概會出現類似養尊處優、嬌生慣養、要求獲得公主般待遇之類的解釋，泛指某些女性行為嬌縱，總是習慣將問題歸咎他人，缺乏責任感。

一般人對公主的聯想，八九不離十從家喻戶曉的迪士尼公主系列建構而成的印象，典型的公主代表著衣著華麗、外型亮眼，含著金湯匙出生。每個公主要找到幸福之前，都會有壞人來攪局，以證明公主的聰明與勇敢，最後她總能游刃有餘的戰勝壞人並且與王子結為連理，繼續被王子寵愛終生。

公主的「幸福婚姻公式」影響了多少女性，誤以為結婚之後就該被男人寵上天？女人對於婚後生活的「理想期待」造就了多少婚姻慘劇？是不是聽過很多男人說：「我老婆天天嚮往著貴婦生活，連當媽了還是很不切實際。」

既然談了公主病，那麼也來聊聊近年大家耳熟能詳的「媽寶」。女人說：「我老公根本是我的大兒子，除了會賺錢，其他生活瑣事都需要我打點。」顧名思義，

「媽寶」就是媽媽的小寶貝，根據維基百科的定義，「是指一些以母親為中心，凡事聽從媽媽的意見，彷彿尚未斷奶的巨嬰。他們的人生路線總是按照母親的想法來走，無自信、無主見、無責任感、無決斷力，難以忍受不適與挫折；且常依賴母親為其做決定，行事常由母親陪同或代為處理。」

現實中這樣的男性多嗎？如果真有實證研究，相信結果會超乎你我的想像，至少在我的實務工作上，遇到的比例頗高。

公主病與媽寶怎麼來的？如果統一以「巨嬰」來代表公主病與媽寶，最常見的巨嬰形成原因，莫過於直升機父母在上方不斷盤旋。父母自身難以覺察自己的內在，在有意或無意的狀態下，以過度給予來滿足孩子的需求，猶如心理學家佛洛姆在《愛的藝術》一書中所提：「過分關心孩子不是因為他們太愛孩子，而是他們不得不以這種方法彌補自己沒有愛孩子的能力。」

有些父母以為讓孩子應有盡有，不讓孩子經歷自己所受的苦，就是愛孩子的表現，殊不知照顧了孩子的外在需求，卻忽略了孩子內心更需要踏踏實實蓋起自己的自信、打造溫暖城堡，即使城堡樸實不起眼，但對於孩子而言，這才能讓他的心一生有安穩歸屬。

養成孩子的責任心

大女兒國中開學後，被分配到打掃廁所的工作，當晚回來說本來覺得自己運氣真不好，班上二十幾個同學，怎麼就她與其他三位成了籤王，負責該學期的廁所打掃。

我說：「哇，這對你來說還真是個挑戰，畢竟小學不用打掃公共區域，誰能料到一上國中就被分配到掃廁所，你怎麼想呢？」

大女兒回：「一開始覺得超倒楣啊！但想想這也沒辦法，反正就被抽到了，那我就有責任把廁所打掃乾淨，就像媽媽也總是讓我們家兩間廁所維持得乾乾淨淨，我也要學你這樣做，讓每個同學都有乾淨舒適的廁所可用。」

我說：「你自我情緒調適的速度很快耶！快到我都忍不住想要幫你鼓鼓掌，你能改變心境，把原本煩人的打掃廁所一事，變成是帶給別人方便的任務，是不是媽媽把你教得很好？」

最後一句是玩笑話，我喜歡在跟孩子的對話中加些幽默元素，例如前文這句故意稱讚自己的話，引來大女兒的白眼，然後兩人笑成一團。

一週後，我問大女兒打掃廁所一事，她滿是得意的告訴我，他們廁所四人小隊經過有效的分工合作，現在打掃起來十分流暢，沒有想像中那麼煩人。

我相信如果有更好的選擇，沒有人希望被分配到打掃廁所，就連我自己也是因為當媽媽之後，一個孩子遺傳到我的鼻子過敏，另一個孩子異位性皮膚炎，讓我對於居家環境整潔的龜毛程度更加提升。給兩個過敏孩子舒服的環境是父母的責任，這樣的責任中，蘊含著我們對於自己的角色任務所必須承擔的責任心。

相對的，父母認真負責的態度，也需要有意識的傳遞給下一代，讓孩子在父母的疼愛中，逐漸學會為自己生命扛起應該有的重量，這樣的重量來自於學習的責任、自我負責的態度等。

從大女兒被分配到打掃廁所的情緒衝擊，到她調適自我心態，進而透過行動轉化念頭，我看見她將逆境轉成順境，這樣的態度來自於我對她從小循序漸進的責任心養成。猶如我不斷強調的，養育孩子之路並非一蹴可幾，需要多點耐心與時間，讓父母的善意與愛一滴一滴內化到孩子的心。

多給孩子一些空間與信任，他們吸收到的與創意發揮的成效，遠遠超乎大人的想像。

13 帶著護身符上學去

無論孩子是霸凌者還是被霸凌者，父母是孩子最重要的提燈者，有義務照亮孩子走向一條正直良善的道路。

校園生活百態的冰山一角

大女兒說：「我們班最近有個女生變得很愛講話，到處酸人，不管男女都不放過，她只要看到我，就說我喜歡某某某，我就已經回她關你什麼事，她還是一直不斷的說，實在是好煩啊！」

這是大女兒小學六年級時因為同儕互動影響心情的例子之一，其他還有更嚴重的人身攻擊，我聽得實在非常憤怒，有些話非常傷人。孩子在學校面對言語或肢體霸凌時，若處理方式無法讓自己的心安定，父母該怎麼做？

通常孩子在學校有任何狀況，父母會請孩子先告訴老師，或直接和老師聯繫，我覺得這種做法在中、低年級時尚且有用，因為這年紀的孩子還算受教，也願意說實話；然而，上了高年級之後，孩子變得狡黠，就算告訴老師也不見得會平和落幕。最有效的處理方式，還是讓孩子自己有能力應對，畢竟同儕互動的文化只有同輩之間最清楚。

以下分別是我與先生給大女兒的回應。

先生：「你就不要理他們就好了，或是去告訴老師。」

我：「那你聽到這些話的時候，有什麼感覺？」

我們夫妻的回應沒什麼對錯，依照先生的個性，對於別人的話語他是不理會也不會放心上的人，他傳授給大女兒自己生命經驗中最舒適的答案，若大女兒個性和他一樣，這個回答當然沒問題。

而我之所以那樣回應，想先了解這些言語對大女兒有什麼影響，畢竟我聽在耳裡覺得非常傷人。她都說很煩了，倘若我再叫她不要理會，是不是會讓她開始囤積情緒上的負面毒素？

大女兒說了自己的感覺，以及剛開始用「關你什麼事」來回應，還是無法遏止對方持續的酸言酸語，這時候是你與孩子情緒對焦的大好機會，是跟上青春期少男、少女變化莫測情緒的絕佳時機。

以發展心理學家艾瑞克森（Erik H. Erikson）的心理社會發展理論來看，青春期是自我認同的危機時期，小學高年級的孩子剛剛脫離兒童期，甫踏進小大人階段，這些大孩子正試圖進行角色探索任務，找出「我是誰」、「我的價值為何」、「我要成為什麼樣的人」。

好消息是這階段的大孩子有了明確的自我觀念和追求自我的方向後，其自我概念及自尊等會順利發展；壞消息是大孩子如果卡在自我角色混淆，生活容易變得失去目的與方向，經常感到徬徨迷失。

特別提到艾瑞克森的心理社會發展階段，是想提醒父母，孩子進入青春期，有「叛逆」行為實屬合理，畢竟要面對身體和心理上的巨大轉變。他們開始想要探索自我性向，並嘗試走一條自己的路，內心也很害怕不安，這時候更需要父母的陪伴和肯定，無論孩子是霸凌者還是被霸凌者，父母是孩子最重要的提燈者，有義務照亮孩子走向一條正直良善的道路。

為孩子製作護身符

孩子離開身邊，進入校園適應團體生活，父母難免放心不下，在此分享為孩子製作護身符的小訣竅，不僅讓父母安心，孩子也會更開心。

以下我歸納出兩大部分，分別為傾聽孩子內心聲音，以及提供父母所能給的安心能量。

1 允許孩子說他想說的，談他所感受到的

每個孩子有自己主觀的感受，大人也是，我們聽到孩子在學校被其他同學欺負時，難免會滿腔怒火。然而，父母第一時間不分青紅皀白想幫孩子討公道，並

無法解決問題，需要先深入了解原由，包括事發情境、孩子的主觀感受等。

面對同儕欺壓，我不會教孩子以毒攻毒的反擊，更不會讓孩子在軟弱中委屈垂淚。以前文的例子來說，第一步我先請大女兒幫助我了解那幾位同學，在這一步父母的信任先引起孩子的注意力，她知道自己不是孤軍奮戰，知道媽媽是真心要陪伴她。我們共同分析出這些同學背後可能的動機及需求，接著我請大女兒提供幾個她可以做得到的優雅反擊方式，然後帶著她練習。

這兩個步驟的重點是，在每個步驟中，孩子都是主導者，我只是協助者，只能負責「賦能」給孩子，我讓孩子知道，她才是解決自己問題的專家。

製作護身符的前置作業，便是別忽略孩子的主觀感受、聽得懂孩子的話，畢竟這個護身符是為孩子量身打造，即使是同一個家庭的手足，可能也有不同的樣子，孩子有權利決定自己可以擁有什麼造型、顏色、大小的護身符。

2 以愛之名，建立親子保護膜和愛的積蓄

接下來父母是關鍵角色，保護孩子天經地義，但父母在孩子成長過程中，要

將自己變成透明「保護膜」。這概念就像手機包膜，要透明不妨礙觀看手機螢幕，但同時能給予螢幕保護作用，仿若隱形的祕密保鑣。

怎麼成為透明保護膜呢？問問身邊的孩子，他們眼中的父母是什麼樣子？若是小小孩，可以嘗試將問句更具體呈現（例如「你什麼時候最喜歡爸爸？有沒有不喜歡爸爸的時候？」「你在什麼時候最容易想到媽媽呢？」），這樣可以協助父母隨時核對自己和孩子關係的進展是否需要調整，且能透過這些對談了解孩子的心智發展程度。

父母想知道怎麼成為孩子的透明保護膜之前，不妨先思考一下，自己當上父母的那一刻，最希望傳承給孩子的是什麼呢？這關係到你會用什麼樣的方式來打造這層保護膜。

以我們夫妻為例，先生希望孩子勤奮及自我負責，而我希望培育孩子的良善與發展自我，我們揉合這些元素打造出親子的保護膜，讓孩子在校園遇到挫折或阻礙時，也能因為內化父母的保護膜而激勵自己。

大女兒在美術班寫生旅行的水彩作品拿下七年級第二名，這算是她第一次上台獲得老師肯定（〈34孩子會給你最好的答案〉〔見二六三頁〕會細談她小學時期美術之路的發展），她告訴我們，雖然是第二名，但這趟旅行她看見全班同學都很厲害，自己有許多需要向老師和同學看齊的地方，她會繼續努力學習。

聽到大女兒這番話，我很替她開心，先具體回饋她在媽媽眼中獨特之處（我向來不吝於肯定兩個孩子，但我的肯定一定有憑有據不空泛，在孩子面對挫折時，我也是這種態度），之後共同討論可以再成長的空間。我這樣做讓孩子知道「喔！媽媽支持並信任著我」，讓孩子感受到無論生命中遇到什麼困境，父母的雙手永遠會向他們敞開。

最後要談的是「愛的積蓄」，這是一種儲蓄概念。我們都需要在親子之間建立「愛的存摺」，也就是所謂安全型依附關係。依附為情緒成熟的根本要素，一個有正向、安全客體陪伴的孩子，會感覺到被接納、肯定，在面對成長階段的各種挑戰時，他會有這份「愛的存摺」之力量陪伴。這樣的孩子內在表徵有個可愛及有能量的自我，遇到任何瓶頸時，內心有著這份愛的積蓄，可以在需要的時候提領出來，激勵自己繼續茁壯心靈。

儲蓄是靠著經年累月一點一滴的投入，逐漸看到豐碩的成果，非一時半刻可得。若能萃取每次親子互動的精華存入愛的存摺，相信有一天，父母會發現自己的努力從來沒有白費。

14 放學後的眼淚

孩子面對情緒衝擊時，父母第一步要做的，是先讓孩子知道你會站在他身邊。

某天我正在準備晚餐，先生突然來電要我趕緊到地下停車場，說就讀小學一年級的小女兒剛剛被同學欺負，哭到泣不成聲，非得要媽媽出現才肯離開車子。

我趕緊關火衝到停車場了解狀況，小女兒支支吾吾還原當時情況，放學後她和五個同班男生一起在學校旁的小公園玩耍，玩著玩著某個同學不曉得哪根筋不對，突然跟旁邊的同學咬起耳朵，聯手把小女兒壓在地上。一個跨坐在她身上，一個連拔了她五根頭髮，其他三個同學見狀也跟著脫掉她的鞋子，小女兒當時嚇哭了，連忙大喊要告訴老師，同學便威脅她不准這樣做。之後小女兒趁著跨坐在她身上的同學側身，連忙爬起衝到爸爸身邊。

我還為此對先生生氣，質問他為何沒看著孩子，他說只見孩子玩得高興，他有看著也有提醒危險性，但視線被其他家長擋住。

釐清事件的原由並安撫孩子，我請先生傳訊息告知導師，提到拔小女兒頭髮的同學平時在校園也會沒來由推她，威脅她不許告訴老師，否則要她好看。

或許是訊息詞不達意，老師回了一句說沒看到此狀況，我第一時間完全無法接受老師的說法，覺得他就是想推卸責任。還好理智派的先生充當翻譯機，來回和老師溝通，緩和我對老師的質疑，讓我明白自己在心疼孩子的同時，或許誤解了老師的話語。先生也懇請老師務必慎重處理，勿助長這種霸凌風氣，而我則將心力放在處理小女兒當下的情緒。

親師共同守護孩子的身心靈健康

「親師合作」是近幾年政府與學校單位積極推廣的觀念，目的在於打造牢固且安全的環境，讓孩子都能開開心心上學去，父母也能安心。一位稱職的老師不僅有專業的教學能力，更需要對於年輕學子的心理層面及校園事務的法律層面有基本的了解和應對能力。老師在傳道、授業、解惑的同時，也要能關照學生的其他面向。

稱職的老師當然也必須具備和家長溝通的能力，親師合作即是老師和孩子的父母共同負擔教育責任，家長與老師保持良好的互動關係，攜手共同守護孩子的身心靈健康。然而，並非每個孩子都有機會安然的被這張合作網保護著。

親師合作的正面實例

曾經身為長達兩年無後援的全職媽媽，要面對和孩子的雙向分離焦慮已是難題，倘若沒有安心可靠的替代性環境，那麼就算孩子已是該上學的年紀，親子雙方還是會因為不恰當的處理而造成困擾。

在我全年無休陪伴小女兒兩年之後，即便有千萬個不捨，仍毅然決然幫她報名和大女兒一樣的幼幼班。選擇這個時間點送小女兒去上學，原因除了我個人的生涯規劃，還有該校的老師讓我心安，知道小女兒在學校也能被好好照顧。

至今回想起來，還是很感謝幼幼班的老師，小女兒試讀的那幾天，老師午休時間主動傳照片給我，放學時和我談論孩子的狀況。當時老師溫柔抱著小女兒，笑咪咪對她說：「老師和媽媽是超級好朋友，我們會輪流陪你一起玩。」

對於兩歲的小小孩而言，內在情緒感受或許無法用言語全然表達，但孩子的變化父母肯定能直接感受到。

小女兒在幼幼班半天試讀一週後，我與老師討論評估，決定她正式上全天班，果不其然她很快融入校園環境，我還陸續收到其他家長的感謝小卡，說小女兒的貼心陪伴，讓他們的孩子更喜歡上學。

親師難以合作的案例

朋友靜雯的孩子今年五歲，是個活潑好動的小男生。靜雯是個用心的媽媽，但因為兒子常在學校弄哭其他小朋友，老師多次請靜雯要自己檢討，認為全部的責任都在家長身上。

靜雯有苦難言，她能做的、能教的幾乎方法用盡，甚至在無計可施之下，對兒子祭出再侵犯其他小朋友的身體界線，就會給予懲罰的威嚇。

然而，事態還是沒有改善，幾次下來，老師開始不由分說給小男生貼上「壞孩子」標籤，小男生漸漸變得抗拒上學，他說只要有小朋友哭，老師會先來罵他，根本沒機會傾訴委屈。

靜雯和老師溝通好幾次都徒勞無功，多方考量後，決定幫兒子轉學。挑選新校園的環境時，更注重與校方人員深入溝通孩子的狀況，幸好後來找到一個親師聯手的安全環境，小男生的暴力行為也漸漸改善。

孩子的眼淚需要被讀懂

回到前文對小女兒的情緒安撫，同樣是安慰的話語，我和先生、大女兒的回應大相徑庭。

先生：「爸爸有先跟你說你們這樣玩在一起很危險，男生力氣很大。」

大女兒：「如果是我根本不會跟他們玩，就不會有事情發生了。」

我：「當時你是不是嚇壞了，你好害怕對不對（抱緊她）。如果是媽媽可能還沒你這麼勇敢，你就算很害怕，可是還是趕快趁機逃脫，去找爸爸求救，你是勇氣小高手。」

先生和大女兒的回應，有種「早知如此，何必當初」的譴責意味，要被害人自我檢討、認為一切都是咎由自取。這當然是在預防或事後總檢討時需要討論的面向，然而當下孩子的狀態根本還沒回復理智啊！

丟著孩子的內外在恐懼不處理，徒說一堆大道理，試問就算是成人的你，當下聽得進去嗎？

孩子面對情緒衝擊時，父母第一步要做的，是先讓孩子知道你會站在他身邊，否則孩子不僅會覺得這樣的自己不被允許，也沒機會去處理這樣的情緒，下次類似的情緒再來時，他要怎麼處理？他能逃就逃，能躲就躲吧！

面對孩子的情緒風暴，父母（或主要照顧者）的回應釀造孩子內在情緒三階段，每個階段存在兩個對立的走向：

第一階段：孤單與陪伴

〈07打造孩子的安全堡壘〉（見五八頁）提過「與孩子的情緒對焦」，沒被接住的情緒會讓孩子陷入內心孤獨的天人交戰，面對困境他只能孤單奮鬥。

倘若父母願意第一時間給予基本的同理，讓孩子感受到父母的無條件接納，當他覺得自己很混亂、自我懷疑時，父母仍然愛他。

第二階段：僵化與彈性

當孩子心靈上鮮少感受到陪伴與支持，面對父母突如其來的關心，對孩子薄弱的安全感是種挑戰，這類孩子對於人我關係感到疏離，面對關係只能以自己建立的保護方式來應對。

反之，情緒總能被父母接住的孩子，在關係中放心的發展自我，並且往後在與他人建立親密關係時，較能掌握人我之間的距離，並適時調整，因為在安全依附中長大的孩子，對人我關係保有彈性與效能感。

第三階段：無望與希望

不被父母理解的孩子，一次次面對孤單，漸漸陷入心靈無所盼望的困境，可能有錯誤的自我解讀，或者對主要照顧者的回應斷章取義，這時孩子感到極度沮喪，久而久之選擇退縮並沉默。

而被父母同理肯定的孩子，在一次次被支持的情境中，感覺到自己可以不必畏懼，有父母當強力後盾，他對於探索自我持續長出興趣，邁步前進。

面對小女兒被同學欺壓的恐懼，我心中視為第一緊急事件，立即放下所有工作，安撫她被衝擊的情緒。孩子在母親的情緒支持中，慢慢收起眼淚，逐漸恢復平日的活力狀態侃侃而談，當她主動提出下次可應對的方式並且重拾心安的笑容時，我知道孩子又悄悄長大了一些。

15

爸爸，你可以陪我玩嗎？

如果爸爸願意在工作之餘，將陪伴孩子玩樂的時間也列入行程，不僅能增進親子歡樂時光，對夫妻關係也有絕對的助益。

「哇，我常看見你帶兩個孩子出去玩，你真的是模範爸爸！」某次我們一家四口搭電梯準備出門，鄰居對我先生讚譽有加。後來出了社區大門，大女兒忍不住疑惑的說：「好奇怪喔！明明從小媽媽常常帶我出去，卻從來沒有人說她是模範媽媽，聽起來有點不公平啊！」

聽到大女兒提出這樣的疑惑，我心中不禁感到欣慰，在大女兒這段話中，可以嗅出一點解構傳統父職、母職角色任務的端倪，我見機不可失，於是趁機跟她解釋一番。

爸爸變成媽媽的機器人

「奇怪，我們的老公到底怎麼了？陪孩子一定睡著（不然就玩手機），交代好的家事一定沒做，每次唸完過兩天就忘記。」之前懷第二胎時，在瑜伽教室認識了幾位孕婦，友情一路延續至今，經常聊著聊著，聊到多數爸爸對教養和家事的參與度實在有待加強。

當然也有相當樂於陪伴孩子和做家事的爸爸，相當期待這樣的爸爸能愈來愈多。接下來要談的，不是這些解構男女婚後角色框架的少數優秀爸爸，而是難免帶著傳統社會角色的爸爸。

1 霸氣大男人

俗稱大男人主義，在他們的眼中，男人的任務就是好好賺錢，養活妻小，家裡的經濟重擔理應交給一家之主來扛。帶著幾乎不苟言笑的父親權威，與孩子的關係較為疏遠。

我曾遇到諮商個案提到父親時，努力回想好久，勉強擠出幾個與父親獨處的畫面。對於父親的形象感到害怕，與他獨處感到不自在。父親的權威不容許孩子挑戰，他印象最深刻的是小學時父母常常吵架，爭執之後，父親將母親鎖在家門外，當時他無法制止、也無力阻擋父親對待母親的行為，至今回想仍感到無助。

這類型的爸爸現今社會較為少見，但偶爾仍會聽見這種家庭模式，一切事物爸爸說了算，孩子和媽媽沒有發表意見的餘地。

2 聲控型老公

「你不覺得我們的老公很像聲控的機器人嗎？叫了才會動。」朋友的話讓我莞薾，戲謔的語氣底下，隱藏的是婚姻角色任務的失衡。

這種老公是目前我接觸到最多的伴侶類型，常見特徵會參與家務、陪孩子、分擔經濟等，說好的分配老公會遵守，但太太仍然心生怨懟，老公覺得納悶，為什麼自己該做的都做了，太太還是不滿意。

我們必須先肯定現代女性對多重身分投入的用心，新時代女性走入婚姻後，不再像過往只需擔負所謂女主內的角色任務，而是經濟上最好也能獨立，同時保持容貌身材並能優雅育兒，不少產後媽媽因為無法具備以上條件而心生鬱悶。

要達成這些條件的前提，除了要有鋼鐵般的意志，還必須要搭配一名「神隊友」，讓女性當上母親之後，有時間重新規劃自己的生涯並自我照顧，而非讓孩子變成媽媽的自我限制。

雖然聲控型的老公和傳統的霸氣大男人比較起來，進化非常多，但也希望這種「被動式」的育兒方式不會成為主流，夫妻對於陪伴孩子的品質要求，需要兩人去協調與合作。

讓爸爸成為好玩伴

「我只想要找媽媽，爸爸每次跟我玩都會睡著，爸爸好無聊。」這是孩子看爸爸的視角。

「我不知道要跟孩子玩什麼，他想玩可以自己主動來找我啊！」這是爸爸的育兒視角。

我在實務現場發現夫妻失和的一大關鍵，經常是教養觀念不太一樣，最常見女性一頭熱栽進母職角色任務，而男性無論是帶著原生家庭觀念或其他顧忌，比較容易落入被太太和孩子孤立的那一方。

媽媽總是無條件擔負起孩子的所有教養責任，從出生後的作息調整、五育智能開發到生理心理發展等，孩子的降臨彷彿給女性下了道事必躬親的聖旨。

我生第一胎時二十四歲，記得甫坐完月子，友人見到我無不驚嘆，說我渾身散發柔軟的母性光輝，而我也真的發揮比念書時更多的拚勁，希望給予大女兒最好的照顧與陪伴。孩子的到來給予女性生命新希望，讓女性滋生出新的期許與力量，反觀爸爸呢？

爸爸還是小男孩的時候，就被教導要當個有肩膀的男性，要站穩自己的社經地位、要有一番作為，可是卻鮮少有小男孩被教導長大後要如何當個善於陪伴孩子的爸爸。

「我小時候也都是自己玩，還不是長大了！」這不是單一父親的肺腑之言，而是好多大男孩的心聲，再往深處探尋，會聽到許多被掩埋已久的渴望與孤單，原來這些已經長大為人父的男性，心中其實住著期待父親陪伴的小男孩，而這些被埋藏的需求，讓大男孩誤以為身為成熟男人所必備的條件，並未包括當孩子的慈祥玩伴。

若孩子能看見父母之間是合作的，能同時享有母親和父親的陪伴與關愛，那樣的孩子是非常幸福的。多數孩子之所以會偏愛媽媽，顯而易見的原因是相較於爸爸，媽媽更願意花時間關注孩子。

如果爸爸願意在工作之餘，將陪伴孩子玩樂的時間也列入行程，不僅能增進親子歡樂時光，對夫妻關係也有絕對的助益。

我先生一開始也不知道要怎麼和孩子玩，但是現在已經能經常獨自帶著兩個女兒外出，他是如何做到的？在此提供我經常使用的私房妙招：做球給先生。

我發現媽媽可以在孩子與爸爸之間當很好的潤滑劑，像我先生是理科腦袋，我特地去購買或報名自然科學實驗、數學相關課程或活動，主要是先生有興趣的親子活動，他在陪伴孩子的過程中，當然也會覺得有趣，更加全神貫注。

不得不說自從我做許多球給先生和孩子互動之後，增溫了我們的婚姻，他帶孩子的期間我可以去運動，運動所產生的腦內啡是天然的抗憂鬱藥物，太太心情愉悅了，自然也會將好情緒渲染於家庭中。

「爸爸、媽媽，我喜歡有你們真心的陪伴。」這是每個孩子內心的聲音。

第三章

照亮親子的健康界線

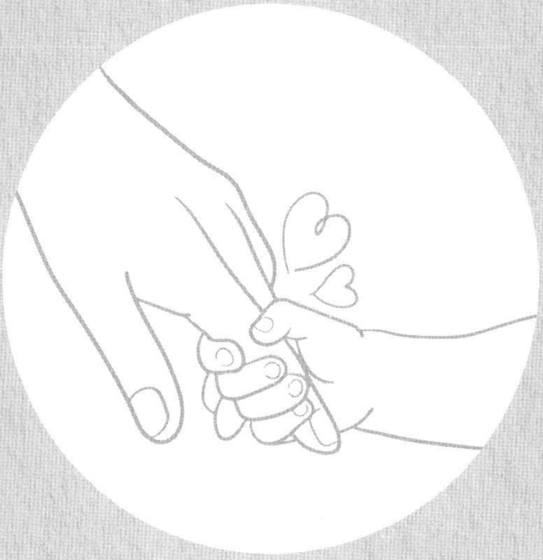

16 怎麼畫親子界線？

想要擁有健康的家庭界線，通常要分開家庭中每個次系統和每個成員，以保護系統的完整性，健康的界線要保有彈性，讓家中成員都能同時擁有統合感和隸屬感。

我曾看過一部談家庭關係的電影，劇中老公批評老婆過於保護孩子，諷刺老婆用了「割草機育兒法」，緊緊束縛兒子。而老婆的回應是現代社會太危險，加上老公父職上的缺席，她無計可施只能身兼父職來保護兒子。

這部看似夫妻相互鬥嘴的喜劇，讓我想起在諮商室中，時常見到伴侶為了互挫對方的銳氣，將孩子擺在中間，把夫妻與親子關係都攪和在一塊。

勾勒家庭界線

家族治療有許多學派，其中我特別欣賞以兒童精神科醫師薩爾瓦多．米紐慶（Salvador Minuchin）為主帥的結構學派，強調家庭中每個成員該有的位置，類似在《論語．顏淵》中，齊景公問政於孔子，孔子對曰：「君君，臣臣，父父，子子。」公曰：「善哉！信如君不君，臣不臣，父不父，子不子，雖有粟，吾得而食諸？」

也就是說，君王要有君王的樣子，臣子有臣子的樣子，父親要有父親的樣子，這是孔子理想中的社會禮法制度，因為有制度才有社會一片祥和的可能，每個人要各司其職，倘若越俎代庖，將會造成關係大亂的危機。

結構學派對於家庭成員的各司其職，用了「界線」（Boundary）一詞來闡明家庭的穩定。界線是一條劃分個人、次系統，或系統與外在環境的隱形線，有利於定義其個別成員之個人自主性，也能區分各個次系統。

在家庭這樣的系統中，界線設立了範圍，並保障系統完整性，界定誰是這個系統的一員，誰是「外人」。

談到這裡，用社會心理學的團體概念來區分，對家庭成員而言，因為有界線保護，將其分成「內團體」，而家族成員以外的則為「外團體」。

在家庭組成結構之中，可以分為主系統及次系統，主系統是指組成家庭的夫妻，簡單而言是家庭的組成初始，也就是一段婚姻的連結，進而從主系統再延伸出次系統。

次系統則是在整個家庭系統中，被指派於系統內部從事特殊功能或程序的部分，於父母為首的主系統之下形成分支，常見的家庭次系統有手足、親子等，隨著每個家庭的人口組合不同，衍生出不同的次系統。

在家庭的內團體中，界線能區分次系統，幫助界定整個系統中個別的次單位，以及它們互動過程的特質。

米紐慶主張，這種區分必須足夠完善，以允許次系統成員在沒有不當干擾下完成任務，但同時也足夠開放，容許次系統成員間互相接觸。因此界線利於保護各個次系統的自主性，也能夠維持所有家庭次系統的互相依存。

家庭次系統之間若沒有明確界線，易引發整個家庭關係大亂，是一種牽一髮而動全身的概念。

畫出健康的界線

家庭界線劃分不明，常會造成負面影響。

過於緊密的家庭界線導致成員過度介入彼此生活，陷入不能自拔的狀態，家中成員想獨立自主會變得困難，例如後文〈18因愛窒息的孩子〉（見一四〇頁）提到父母過多的愛塞滿孩子的世界，讓孩子沒有喘息空間。

反過來說，當家庭界線過於鬆散，家中次系統的邊界變得十分模糊，成員之間的情感疏離。例如，想像自己遇到非常嚴重的困境，你的原生家庭是否願意第一時間伸出援手？過於疏離的家庭界線讓成員之間感受不到彼此的溫度，若以人際同心圓來看，原生家庭的家人被放在同心圓的外圈。

想要擁有健康的家庭界線，通常要分開家庭中每個次系統和每個成員，以保護系統的完整性，健康的界線要保有彈性，讓家中所有成員都能同時擁有統合感和隸屬感。

如果可以畫出那條「親子界線」，你覺得它會長什麼樣子？是什麼顏色？是怎樣的粗細？會為它取什麼名字？又，你會為這條舒適的界線放上什麼自己需要的特質呢？動手寫寫看，相信你會更加貼近自己，並且更清楚自己在親職角色當中的需求與定位。

17 從選擇中長出自由

父母有必要讓孩子處於身心安全的環境裡，同時也畫一條有溫度的親子界線，在孩子的各個發展階段中，給予他們需要的保護與支持，幫助孩子走出一條他想要的路。

某個週末我帶小女兒到住家附近新開的誠品書店逛逛，遇到天下父母都會遇到的難題：買還是不買？小女兒看到玩偶總會眼冒愛心，這次正好看到最近著迷的漫畫系列「十二星座」周邊商品，她一見到自己星座的巨蟹座玩偶，立刻喊著這是她命定的玩偶。我這個務實的魔羯座媽媽悄悄翻開標價，壓下心裡的驚訝，泰然自若試著釐清她的內在想法。

我：「喔！這是你的巨蟹座耶！這小娃娃真的好可愛，難怪你會喜歡。」

小女兒：「對啊！這是我第一次看到星座做成的玩偶，而且是我喜歡的橘色。媽媽，我可以買嗎？」

我：「媽媽想要先請你想一想，買回去之後你玩的機會多嗎？會不會像上次在日本環球影城買的害羞幽靈（《超級瑪利歐》中的角色）大玩偶，回來後就晾在床邊，這樣是不是有點可惜？」

小女兒：「因為害羞幽靈沒辦法帶到學校，學校不能帶玩偶，而且我平常放學回家就很晚了，沒有時間玩……」

我：「沒關係，我們今天時間很多，可以慢慢逛，不然先繼續逛逛前面的文具區，都逛完了再來討論好嗎？」

我刻意多看幾次巨蟹座玩偶，用意是讓小女兒知道她的渴望我有放在心上，但對於一個剛滿七歲的孩子而言，需求無法立刻被滿足，感到失落是難免的（別說孩子了，大人何嘗不是如此？）。

在此，我必須先大大肯定高敏感的小女兒，她從幾年前因為買不到想要的玩具瞬間哭倒在地，一年一年進步，她自我覺察學著控制欲望和延宕滿足，真的進步非常多。

我們繼續在書店裡逛著，走到文具區後，她突然看見一個喜歡的鉛筆盒，於是停下腳步。

小女兒：「這個鉛筆盒的造型和配色我都好喜歡，媽媽你覺得這個怎麼樣？」

我：「（再次偷偷翻了標價）摸起來質感不錯，而且空間夠大，可以放下你的鉛筆，還有兩個可愛的袋中袋讓你放便條紙。可是我們今天只能買一樣東西，你怎麼想呢？」

小女兒：「我知道我們說好只能買一樣東西，所以剛剛看到鉛筆盒之後，就在想到底要哪一個。巨蟹座玩偶好可愛，但是買回去可能玩到的時間很少，鉛筆盒的話，我雖然現在有一個大的，但是它不能分類，讓我上課常常要花時間找橡皮擦。以實用性和必要性來看，我想選擇鉛筆盒。」

最後的結果皆大歡喜，由實用性高的鉛筆盒勝出，媽媽省了荷包，孩子也再一次於選擇中學著自我負責。

在限制中，創造自由

延續上一篇「親子界線」的概念，我在此用實例解說自己如何畫出親子界線。每個家庭都有自己所樹立的家規，而家規放到親子界線中，等同於親子界線的基礎，我所畫出的親子界線是在相互尊重與愛當中，保有彈性，讓孩子從中嘗試發展自己。

秉持著存在主義學派的人性觀，畫出親子界線的成長空間，以下幾點培養孩子成長的要素，提供參考。

1 自我覺察能力

「自我覺察」貫穿我的生命信念核心，無論對自己亦或教養孩子，覺察兩字不離心。

在前文我和小女兒的對話中，不難看到我在回應她之後，都會接著提問，邀請她繼續談，例如：「你怎麼想呢？」這樣的一句話讓孩子有空間回頭思考，保留再次決定的機會。

「反思」對個人人格的養成極其重要，這樣孩子才能自小從一次次的選擇中去練習為自我負責，並學著承擔選擇的後果。

以熱愛玩偶的小女兒為例，她過去幾次當下堅稱購入玩偶的必要性，買了之後的實際使用程度卻不如預期，幾次下來的自我內省，對我而言每次都是很好的機會教育，猶如此篇我與小女兒的日常對話，這並非一時半刻的和諧成果，而是我花了許多心力培養她的自我覺察能力。

2 自由和責任

在親子界線中，孩子擁有一定程度的自由，但自由的前提必須是符合孩子的身心安全加上父母擁有配套的現實條件。也就是每個家庭總會有自身的限制，無論是經濟或人力上的考量。

前文提到的巨蟹座玩偶和鉛筆盒皆是我預算內可以負荷的，假設小女兒拿的是數萬元玩偶，我當然會直接讓她明白不能購買的理由。

讓孩子在父母所營造的合理自由之中去做選擇，每一次的選擇皆是孩子練習為自我負責的絕佳時機，而孩子也因為擁有選擇的自由，漸漸形成責任心。

責任心的養成絕對是孩子爾後成長之路的好夥伴，日後在責任心的陪伴下，孩子學著誠懇過生活，在成長過程遇到挑戰時，能夠真實面對自己。

3 創造自我意義

「孩子是我們最好的老師。」幾年前，我有感而發在育兒日誌中寫下這句話。充滿活力的小小孩總是能不怕挫折，不斷發現新的樂趣，記得當年一歲剛學走路的小女兒，踉踉蹌蹌不斷跌倒再爬起，我問她痛嗎？她總是給我一抹微笑，繼續探索新世界。

小女兒這樣的精神符合存在主義治療學派的理念：我們的存在需要靠勇氣，我們的選擇會決定自己成為怎樣的人。

培育孩子內心自我發展的過程，我常在對話中穿插幾個問句：「你是如何做到的？」「那你在想什麼呢？」「你希望我怎麼幫你呢？」有助於更深入了解孩子當時的心理發展狀態。

孩子的成長過程需要發展自我，在自我認同中搏鬥，自己找想要的答案，慢慢長成想要的樣子。而父母的角色至關重要，我們有必要讓孩子處於身心安全的環境裡，同時也畫一條有溫度的親子界線，在孩子的各個發展階段中，給予他們需要的保護與支持，幫助孩子走出一條他想要的路。

18 因愛窒息的孩子

過猶不及的愛可能會傷害親子關係，孩子要成長，需要安全空間讓他探索；父母要成長，也需要在育兒路上適時鬆手。

因愛窒息的家庭故事

1 無路可退，只能無言以對的男孩

小風是在萬眾期待下出生的男孩，身為家中獨子的他集三千寵愛於一身，從小父母給了他滿滿資源，一路從人人擠破頭想入學的私立雙語幼兒園，進到學費驚人的貴族小學，週一到週日排滿各式各樣的才藝課，父母將他捧在手心呵護，哪怕受點小傷都緊張不已。

小風升上國中後，父母仍用過往的方式照顧他，小風不需要做任何家務，只需專注課業和才藝。父母投以過多關注在小風身上，他開始感到壓力重重，眼見同學樂在興趣之中，自己只能依照父母設定好的生活節奏前行，他心裡好難受，想起母親最常說的話：「我和你爸省吃儉用都是為了你，我們把希望全放在你身上，相信你不會讓我們失望。」

小風只能一次次婉拒朋友的邀約，壓抑自己的渴望，拚命提醒自己要孝順，不能違背父母的期望。國三那年，小風身體出現莫名異狀，讓他再也難以專注課業，母親求神問醫卻得不到任何解答，隨著小風成績一落千丈，母親只能停下各種才藝課，以孩子身體恢復健康為第一優先。

現實生活中，有多少父母終其一生被自己的執著給捆綁。父母愛孩子是天經地義，然而當父母給予孩子的關注超過需要時，這樣的愛會不會變成傷害？是不是會造成「不肯放手的父母，無法長大的孩子」的局面？

回到孩子身上，他們會用各種方式抵抗，可能是沉默，也可能是叛逆，身體也可能會以各種不尋常的方式反抗，例如小風開始生病，反映出父母過量關愛讓他難以喘息。

2 囹圄中長大的洋娃娃女孩

洋娃娃女孩長得很漂亮，個性又隨和，朋友都很喜歡和她相處，她從來不說不，是父母心中最棒的孩子。父母的視線從不離開她，總以自己的想法來說服洋娃娃女孩。

久而久之女孩與自我疏離，她內外在樣貌的生成來自於父母的期待，後來她也習慣凡事找父母幫忙，大事如科系選擇、設定伴侶條件、閨蜜篩選，小事如用餐選擇、床單顏色挑選等。

洋娃娃女孩在父母庇護下，一帆風順走入婚姻。她婚後與丈夫爭執不斷，一直覺得是對方的問題，直到某天洋娃娃女孩發現丈夫手機裡第三者的訊息，哭著奔回娘家。

她第一次在父母面前崩潰，質問為什麼幫她挑選會外遇的男人，將錯歸咎於父母，指責他們從沒讓她有走出「父母監牢」的機會，她想起老公說後悔結婚，因為娶的不單單是她，而是她左右手各牽著的父母。

洋娃娃女孩的故事，代表一群從小自我空間被設限、在父母建造的夢幻小城堡被豢養長大的孩子，夢幻小城堡美其名是小小孩的安全堡壘，卻是了無生氣的黯淡城堡，孩子沒有任何在牆上揮灑色彩的機會，難以發展出對生命的感受力，只能任由父母將自以為的「好」投射在孩子身上。

這樣的孩子長大後，想當然爾只能任憑小城堡雜草叢生，失去向外探索的興趣。洋娃娃女孩就像失去靈魂的個體，父母頻頻剝奪她在童年時期就該發展自我的機會，忘了帶孩子畫出她自己的空間，忘了畫出親子之間的距離，孩子的自我價值感沒有隨著長大而趨於獨立成熟，自我概念反而是從父母身上得到認同。

3 父母的小暖男不見了

小智上國中以前，是個人見人疼的貼心男孩，更是媽媽眼中滿分的小暖男。她回憶小智小時候的母子關係倍感欣慰，認為自己全心的付出相當值得，她把愛投注在小智身上，他也沒有辜負媽媽的期望。

誰能料想到小智上國中變了樣，不僅抗拒上學、情緒變得極端暴躁，在學校出現偷竊、說謊等偏差行為，讓導師非常頭痛，多次與小智媽媽聯繫，表示小智的行為讓同學及其他家長十分反感，暗示她要管教孩子。

小智媽媽真是有苦只能往肚裡吞，她對孩子的愛在親友眼中被視為奇葩，連先生也說她對兒子的愛過多。她自認為一直以來努力和孩子保持溝通，百思不解孩子怎麼會走歪。

原本乖巧的孩子變得叛逆，很多人會自然的怪罪父母不夠關心或沒有管教，然而小智的例子打破大眾想像，媽媽的心是每一分每一秒都放在孩子身上，為什麼還是事與願違？

過往諸多臨床案例顯示，孩子的異常行為背後，可能代表父母兩人的關係存在難以解決的衝突與矛盾，無論是對孩子的教養方式是否一致、夫妻的感情狀況、雙方各自內心的感受等，對孩子來說，他們看在眼裡同時吸收與學習，用自己的方式反映出來。

給予剛剛好的愛

前文談了三個關於父母「過多的愛」對孩子造成的影響，不盡然親子關係都會偏向負面，當然也有可能孩子在意識覺察之中，反而走出一條屬於自己的路。但是父母沒有必要拿孩子的自我發展來冒險，關係是流動的，只要雙方願意，親子關係永遠都有調整的空間。

那麼，父母要怎麼拿捏分寸，給予孩子「剛剛好的愛」呢？

1 夫妻保有對話空間

夫妻是兩個不同家庭的結合，對下一代的教養觀念難免有所不同，但只要保有共同默契，相互包容、接納，在家務、育兒的分工上取得共識，夫妻將發揮一加一的力量，無論生活再多挑戰，也能協力合作，鞏固全家身心健康。

最怕夫妻雙方不一致的育兒摩擦，背後真正代表的意義是雙方深層關係失衡，孩子反倒映照出夫妻過往相處時，感到空虛所造成的孤單和疏離感，水面底下滿懷情緒無處抒發，那樣的暗流將會影響親子關係的流動。簡而言之，務必建立夫妻對話空間，若頻頻發現溝通無效，建議尋求協助，別一天拖過一天，積累過多婚姻的怨氣。

2 與孩子共舞

每個大人都曾經是個孩子，當上父母後，特別容易回想童年，甚至常在孩子身上看見自己的影子，也因此有些父母無意識的將童年自己投射到孩子身上。

在我自己的父母覺察手札中，有一段記錄著我曾在大女兒身上抱有鋼琴夢。讓她學鋼琴是為了彌補我學琴近十年，卻因為弟弟不想學而被迫中斷、興趣硬生生被剝奪的遺憾。當年我在教導大女兒學琴的過程中，曾因為她的消極和悟性不高而勃然大怒，直到多次省思，才體悟到這是我自己的議題，不該加諸在孩子身上，孩子有自己的興趣和專長，要讓孩子快樂，父母必須先釐清自己的期待和孩子所想要的差異，也就是與孩子一起跳舞。

親子一起跳舞的過程中，剛開始時孩子腳步不穩，需要踩踏在父母腳上，但隨著孩子愈長愈大，想要掌控的多一點，想要嘗試自己踩踏、創造新的舞步。這時候父母需要做的，是適時鬆手，一次次將主導權交給孩子，耐心讓孩子勾勒出自己的節奏與動作，在孩子跌倒或受到挫折時給予鼓舞，讓孩子知道自己可以比想像中的更有能力。

後文〈31每個孩子都是自己生命的專家〉（見二三九頁）將有更深入的談論，要讓親子溝通不再僅是擦肩而過，父母得先練習相信孩子，並且給予「適切」的關懷與照顧。

過猶不及的愛可能會傷害親子關係，孩子要成長，需要安全空間讓他探索；父母要成長，也需要在育兒路上適時鬆手。在這個彼此成長的過程中，需要雙方互相鼓勵，照亮親子的心安界線。

19

失格母親的吶喊

母親唯有先守護好自己，平衡自己的身心靈狀態，才能在親子界線中設立穩定的關係。

「我每天早上醒來的第一個反應就是覺得很厭煩，又是周而復始照顧孩子的一天。我要做的是固定時間餵孩子吃飽、換尿布、洗澡、睡覺，一天又一天，無限輪迴。我曾經以為當媽媽之後會爆發無限的母愛，一切都會自然變好，殊不知日復一日過去覺得愈來愈糟，我快不知道自己是誰，忘記什麼是快樂……，我感覺自顧不暇，好擔心怎麼顧得好孩子。」

這是一位新手媽媽內心的真實恐懼，她的擔憂，可能也喚起包含我在內許多媽媽的回憶。

我也好想努力，但如果沒力了怎麼辦？

猶記高敏感的小女兒讓我出現微產後憂鬱的現象，當時我只能將僅有的氣力放在照顧小女兒身上，無法正視剛從幼兒園大班升上小學一年級的大女兒所要面對的挑戰，那段時間疏忽母職的狀態，至今回想仍心生愧疚。

大女兒當時剛升小一，課業還不算太重，先生為了撫慰我白天陪伴小女兒的疲累，下班後立刻衝回家，載我和小女兒一起去接大女兒放學，然後前往百貨公司吃晚餐，順便四處逛逛。

愛聊天的大女兒總會在車上嘰嘰喳喳分享當日在學校的所見所聞，身為媽媽的我於情於理都應該替她開心，我內心深處對於她能在新環境交到新朋友、也喜歡上學的確感到相當欣慰。

然而，當時的我卻完全提不起勁，甚至只想關上耳朵，只想大聲尖叫，覺得我只是連自己都照顧不好的成人，要怎麼給兩個女兒最好的陪伴？我只能在內心吶喊自己的壓力和苦悶，我討厭如此混亂的自己，可是我不曉得該怎麼辦。

當年我面臨連自己都快無法保護的窘境，到了小女兒一歲半，我們全家到英國自助旅行時，我總算意識到自己該振作了。

我必須坦承如果可以回到當時，我肯定能做得更好，然而事情發生就是發生了。手足之間本就存在競爭關係，尤其原本集三千寵愛在一身的獨生子女，面對弟妹降臨的衝擊，心理上需要更多的時間調適。

因為媽媽的混亂，加上手足到來、新環境的衝擊等，抵達英國的第二個晚上，大女兒突然與我僵持不下，一向好脾氣的先生或許情緒也到了臨界點，朝大女兒失控飆罵。

大女兒升小一這半年，我之所以可以任性在迷霧中徘徊，先生的相對穩定功不可沒，他就像大傘幫我們母女三人擋雨，殊不知傘也會有想休息的時候。

先生暴怒大吼的音量猶如一記閃電打中我，那個當下我神遊重回童年，回憶起原本我是父親最寵愛的么女，四歲時弟弟出生之後，我搖身一變成為弟弟的代罪羔羊，無論他犯了什麼錯，父母的怒火一致向我瞄準。當時的委屈和孤單一直殘留在我的體內，讓我對男性的怒吼產生莫名恐懼。

回到現實，我深呼吸後轉頭瞪著先生，問他為什麼要怒罵大女兒？這是我與她的衝突，為什麼不直接跟我談？仗著父親的權威對著六歲的孩子出氣算什麼？說完我將懷中的小女兒輕輕放到床上，轉身抱著大女兒說：「媽媽覺得很抱歉，沒有把自己照顧好，才會經常發脾氣，這段時間辛苦你了。」我邊說邊哭講了好多心裡話，母女兩人就在哭聲中持續擁抱與對話。

在那個當下，我擁抱著大女兒，彷彿也同時抱著童年的自己，告訴還是小小孩的自己沒關係，現在有長大的我可以保護你了。

我安撫自己和大女兒之後，請一旁的先生與大女兒和解（解釋與表達歉意），待大女兒睡著之後，夫妻倆心平氣和談著剛剛的經過，我深深嘆了一口氣，告訴先生：「我們應該先來談談我們的關係。這段期間，我們都因為把心力全花在妹妹身上，不只忽略了婚姻，也忽略了姊姊的感受，我想我們都有責任，畢竟大人狀態要穩定，才有力氣好好照顧孩子。」

直到這幾年我回到職場，在諮商室中接觸了許多伴侶，才驚覺原來夫妻之間情緒無法對焦是常態，所以我非常鼓勵伴侶能定期做婚後諮詢，就像是身體需要定期健康檢查，婚姻關係也需要。也因為在婚姻中有切身體驗，我與先生至今仍保有頻繁的對話，從對話中，我們一次又一次試著貼近對方。

當上母親之後，如何保有自己？

我知道為了自己、為了孩子，我必須有意識的勇敢站起來，因為唯有面對才有希望，也唯有身為母親的我先覺察與改變，孩子才有安全的環境讓她好好探索自己。這是我身為母親的責任，我必須學會照顧自己。

這篇標題為失格母親，而「失格」的定義為何？其實就是不符合規定的格式和要求，也就是出格，超出適當的範圍、界限，有失尊嚴、體面。是不是與本章標題「界線」有異曲同工之妙。

若將失格套入「親職」解釋，每個人心中都有一套自己的核心信念，當父母之後，我們內在有套運作系統，有的人認為當父母後要和孩子當無話不談的好朋友，有的人認為要當虎爸、虎媽，有的人認為要將最好資源留給孩子，有的人認為女兒才是寶……

這些「認為」源自個人自小建立起來的自我價值基模的衍生，一旦超乎原本的格局，那麼自我的亂流將成為現實的殘酷考驗，甚至讓你對自己感到失望。對於女性而言，產後猶如遇上一陣又一陣的人生亂流，鮮少有人可以無縫接軌，立刻跳回產前的生活狀態，總會有或多或少的變動。請記住，母親唯有先守護好自己，平衡自己的身心靈狀態，才能在親子界線中設立穩定的關係。

多少功成名就的人，不管是商場上叱吒風雲的首領、學術界首屈一指的專家、醫界人人尊敬的權威等，回到家中孩子面前，單純是一名爸爸或媽媽。尤其在小小孩面前，他們眼中的父母是褪去社會加持光芒的，孩子喜歡和父母純粹真誠的互動，不需摻雜外界眼光。

媽媽們要如何在產後亂流中，重新找回人生的方向感呢？這個問題的答案並非每個人都一樣，端看你對自我的了解程度。不妨先問問自己，過往的生命經驗中，在很糟的時候，你是用什麼方式來找回自我價值感？而有了孩子之後，在時間與環境的限制之下，那些方式如何做調整？

比如有人以前心情很糟時，去健身房瘋狂健身飆汗三小時，但沒有後援的全職媽媽無法這樣做，這時候可以思考如何調整，可能考慮臨托保母半天，或是趁寶寶午睡時做健身環或瑜伽，我一直很強烈建議媽媽們保有定期運動的習慣（包括我自己也是），身心靈合一的多年運行之下，心底的悶氣搭配身體的排解，會達到事半功倍的效果。

或許你會想知道當年從英國回來後，我如何調整自己？大家還記得怎麼訓練孩子練習爬行嗎？小兒科醫師教父母在孩子面前放吸引他們的玩具，鼓勵孩子往前爬。我記憶猶新的是當年大女兒眼見快十個月大，卻還不會爬行，不管面前有多少玩具都嗤之以鼻（我們還曾太過擔心，帶她去大醫院照X光做檢查），經過醫師提醒，某天我靈機一動，用剛做好的布丁吸引口慾旺盛的她，果然她那天便學會爬行。

人都是這樣，對某種愉悅事物的渴望激發動機，進而增長自我效能感；而我為了找回自我生命的方向盤，從最熟悉的寫作著手，趁著一歲半小女兒規律午睡的兩小時，用一週時間，完成名為〈高需求的小孩，需要你我的支持〉的文章，投稿到某親子線上平台。

當時我默默無聞，按下傳送寄出稿件的那一刻，真是鼓起好大的勇氣，畢竟在那之前我也好幾年沒下筆。我安慰自己，就算沒被刊登也沒關係，至少跨出第一步，等待回覆的期間，明顯感覺心情輕盈許多，心中多了對自我的期待感。

半個月後，我收到一封錄取刊登的信件，當下雀躍無比，立刻喚醒沉睡中的先生，他比我更高興，直跟我說恭喜。那看似一小步，對於正要重新規劃職涯之路的我，卻是好重要的關鍵起步。

最後想送你這句話：「那些以為失去的東西，其實是可以找回來的。」

你願意相信嗎？我願意。你呢？

20

父母以為的小事，卻是孩子心中的大事

正視孩子說出來的每個想法，有時候言語中可能潛藏求救訊息，若一再被忽略，慌張失措的孩子可能因此誤踩親子原本的界線，引發親子戰爭。

再也不跳舞的女孩

大女兒從幼兒園中班開始學跳舞，一路學到現在（國中一年級），每逢學校節慶表演，總是能見到她熱舞的身影。孩子能夠適時抒發精力又能培養興趣，我也非常引以為豪。然而，小學六年級時她差點放棄跳舞。

那時候發生什麼事呢？容我從媽媽的視角來闡述。記得收到小學母親節活動邀請函當下，先生看著學生表演節目單，順口問大女兒這次表演的歌曲，沒想到她回了一句話，讓愉悅氣氛當場風雲變色。

大女兒：「我跟老師說不想表演，所以這次我沒有上台。」

當下我臉色一沉，心想怎麼可以這麼不尊重父母，擅自做決定，而非她為什麼不表演。我的情緒之所以被觸發，來自大女兒破壞原本的界線，在我們設立的界線中，相互討論是基本的尊重。當下我會有這麼大的情緒波動，除了界線的失衡，同時也帶著自我責備，責備自己一直以來培養孩子的同理心，她怎麼會無法同理父母的感受。

我調節好情緒，立刻展開「平和」的親子對話，特別強調平和，是想要提醒，真正的親子對話，必須雙方都願意敞開心房，這場對話才有走入心坎的效果。否則只是父母掏心掏肺訴說自己的奉獻，孩子不但難以消化，甚至認為父母在情緒勒索，親子之間的距離可能愈拉愈遠。

情緒就像剝洋蔥的概念，從社會化的表面情緒，一層一層往內剝開。原來大女兒是因為被同學嘲笑外表，引發容貌焦慮，失去在台上熱舞的自信。她發現自己仍熱愛跳舞，但想到要在外人面前跳舞她就忍不住焦慮，害怕別人對她指指點點，索性放棄上台機會。後來她跟我道歉，說明沒有主動告知的原因，她以過去經驗推測爸爸可能會說是小事，要她別在意別人的眼光。

正視孩子說出來的每個想法

聽著大女兒抽絲剝繭道出容貌焦慮的形成，我想起這段時間她陸續透露的線索。為什麼孩子沒有對我全盤托出？這點我必須先自首，因為工作關係，每週有幾天我下班到家時孩子都睡了，我只能透過先生輾轉得知孩子在學校的狀況。樂天派的先生坦承大女兒曾說過幾次被同學取笑外表，他總是要大女兒別在意不重要的人說的話，典型用語就像是：「不要管他們了啦！」「隨他們講啊，反正你自己覺得不是就不是。」

細究先生的成長背景，他真的是以這樣的人生哲學過生活，乍看似乎沒什麼問題，畢竟他也好好的長到四十出頭，實則問題可大了！第一次漏接孩子想深談的欲望，第二次漏接的是接住孩子的支持性回應，雙重漏接的情況下，親子信任感亮起警訊燈號。還好透過這次沒上台的事件，我讓先生和小女兒也加入對談，先讓大女兒透過我們三人的觀點回饋看她跳舞的感覺，稍稍鬆動她試圖築起的舞蹈恐懼網。

先生：「我一直都覺得你很會跳舞，跳起來很好看，這次母親節無法看你在台上跳舞，我覺得很可惜。」

小女兒：「姊姊你是我的偶像耶！我以後跳舞也要像你這麼厲害，拜託你繼續跳啦！太好看了。」

我：「我知道跳舞的你很快樂，你從中班每週上課持續到現在快八年了耶！如果不是對舞蹈很有愛，怎麼可能堅持這麼久。我很喜歡看你跳舞，那是我看過最美麗的畫面之一。」

我們三人給了真誠的回饋，大女兒聽著聽著紅了眼眶：「對啊，我一直都很喜歡跳舞，跳舞的時候煩人的事情都不見了！可是在學校不只一次有人笑我，他們不是笑我跳不好，而是說我有點胖，明明就還有比我更胖的同學也在跳。」

當孩子願意講出內心想法，提醒父母先給孩子同理加上肯定，畢竟這是孩子壓抑在心裡的負面感受，嘗試講出來的同時，也在測試父母可接納的程度。當孩子感覺到自己無論有任何想法，都是可以被父母傾聽且包容時，處在安全氛圍之中，才能做下一步的處理。

最後我說：「我能感覺你心裡的不舒服，好像學校那些笑你的同學是刻意要針對你，取笑你的身材，這讓你跳舞時壓力好大。但同時我也聽到跳舞對你的重要性，可見舞蹈在你身上施展魔力，就像媽媽每次覺得很煩的時候，只要去河濱公園走個八公里，回家之後便覺得神清氣爽。」

我讓孩子知道，出現在她身上的情緒感受都是合理的，並且重複她的用詞，讓她知道我聽到她說的，進而舉出自己的經驗，讓她感受到我懂她的感覺。接著，我們繼續對話，直到她表達出仍想繼續學舞，但想轉換環境的想法，我立刻表達支持，並且承諾在能力範圍內會一起守護她的熱情。

在她小學畢業的那個暑假，我找到一個讓相差五歲的大、小女兒可以一起學習的舞團，因為是同一堂課，姊妹倆多了共同話題，也經常在家中尬舞，最令我感到欣慰的是，大女兒慢慢找回跳舞的自信。

正視孩子說出來的每個想法，有時候言語中可能潛藏求救訊息，若一再被忽略，慌張失措的孩子可能因此誤踩親子原本的界線，引發親子戰爭。就如大女兒擅自決定不上台跳舞，氣急敗壞的我若只關注自己的心情，很可能就錯過處理她面臨困境的時機，擱置著變成多年後的遺憾故事。

此篇也想再次提醒，任何界線皆需要保有彈性，尤其在親子之間，隨著孩子發展階段的身心變化，再加上年代的差異，過去我們童年遇到的情況，不見得現在的孩子會遇到。例如，大女兒國中新生開學沒多久，校園中出現各式各樣的打扮，像是五彩繽紛的髮色，這在十幾年前的校園根本不可能出現，我國中時期還有髮禁，連頭髮長度超過耳下四公分都是奢侈。

父母務必要保持界線的可調整性，莫讓界線反客為主，羈絆了原本的良意。

21 你要手機，還是要我？

隨著孩子各個年紀發展任務的不同，父母也需要跟著調整放在孩子身上的心力，留點空間讓他去探索自己和其他人際關係。

「我女兒一個星期不想理我，她說我很不尊重她，我只是看她 LINE 上和同學的對話，她跟同學抱怨說媽媽很煩，這叫我情何以堪，以前她什麼都會跟我講，一定是上國中之後被同學帶壞，我一定要嚴格控管她手機。」某次在晤談中，個案媽媽氣憤又無奈的訴說她的困境。

一個星期後，國中女兒和媽媽一起來做家族治療，女兒忍不住對媽媽說：「我知道你是關心我，但是你沒經過我的允許偷看我手機，根本沒尊重我的隱私。我已經長大了，你還要成天管東管西，讓我好窒息，能不能饒過我，給我一點自己的空間？」

「可是你現在彷彿手機中毒，一天到晚都盯著手機看，我跟你說話也都愛理不理，你有想過我的感受嗎？」媽媽對女兒講出悶在心中的話。

手機是工具，無法取代現實互動

這年頭手機真是讓父母又愛又恨啊！我自己對於何時該給孩子使用手機也猶豫不已。記得大女兒小學中年級時第一次詢問能否擁有手機，班上不少同學有，但我和先生評估還不到時候，畢竟孩子上下學接送與假日出遊都由父母陪同。

我一直堅持手機是好用的工具，而非拿來休閒玩手遊，至少在成年之前，我希望養成孩子更多與實體世界的連結，這不僅增添親子互動的時間與回憶，也能藉此替孩子在童年經驗中，找到自我情緒調節的好夥伴，例如運動、閱讀書籍、旅行等。

回顧我自身童年最美好的回憶，來自與大自然的接觸，和一片大海對話、在野花雜草山腰間玩耍，說是大自然療癒了我的童年一點也不為過，我想將這樣的平靜傳遞到下一代的內心世界。

大女兒升國中的那個暑假，我們幫她買了一部手機、辦了一個手機門號，一方面考量她自己搭車到學校，另一方面也顧慮到她的社交需求。她班上早在小學五年級時，就有LINE群組，當時她沒有手機怎麼辦？

這十幾年來，我貫徹以「心」陪伴孩子的教養信念，3C電子產品一直是生活的輔助，是好用的工具，而非取代現實互動的方式。

無論在飯桌上、通勤時或任何親子互動時間，手機絕不會是我的首要選項，讓孩子養成在空檔時看書、畫圖、觀察人群的習慣。孩子在外面看其他人頻繁使用手機難免好奇，我也總是不厭其煩向孩子解釋手機的利弊，教導她們「駕馭手機」，而非被手機駕馭。

但不可否認的，大女兒擁有手機之後，我們也經過半個暑假的磨合，才找到手機使用的平衡點，否則剛開始孩子難免因為欲望被打開，而悄悄摸索手機上網的各種新鮮。

我秉持著一個原則：親子之間無論發生什麼事，永遠有得談。孩子行為背後肯定有他的動機，當父母的急不得。

慢慢的，當孩子的需求被滿足，他的欲望自然降低，清楚自己的狀態，也知道遇到困難時，父母會第一時間協助。經過幾次來回磨合，我和大女兒訂出雙方都認同的手機使用守則，大部分的應用程式都由家長監控。

但大女兒只要在每晚英文單字抽考時，能順利通過（補充說明，女兒原本就讀私立雙語小學，現在上公立國中，學校英文對她來說太過容易，為督促她繼續強化英文，我每天陪她一起閱讀英文雜誌），就可以在當天學校功課完成後，使用 LINE 十分鐘與同學聊天。

平時若有需要，徵求我同意後，她也可以上網搜尋自己想要的資訊，例如她常常用來追很喜歡的韓國女團新歌。

本篇文章一開始母女因手機衝突走進諮商室的故事，讓我心有戚戚焉，想起自己和孩子也因為手機而不斷磨合。回到這對母女身上，我想在此提醒，不要忽略孩子需要隱私空間。

隨著孩子成長，親子界線需要彈性調整

隨著孩子各個年紀發展任務的不同，父母也需要跟著調整放在孩子身上的心力，留點空間讓他去探索自己和其他人際關係，猶如前文強調的，每個孩子都需要發展自己的心靈空間。

前文諮商室中這對界線失去彈性的母女，媽媽忽略了不同階段的孩子需要再次調整界線，一味帶著過往建立的界線親近女兒，在邁入青春期的女兒央求重畫界線時，媽媽感到難以理解，情緒滯留在「女兒不要我」的恐懼之中，擔心會失去女兒，媽媽只能緊緊緬懷曾有過的親子甜蜜，堅持只要撐下去，女兒總有一天會回到從前。

面對媽媽的充耳不聞，女兒感到萬分無力，媽媽總以情緒勒索的方式指責女兒的叛逆是因為不愛她了。女兒知道自己上國中之後，的確不再像以前那麼依賴

媽媽，她想把時間留著跟同學聊天，可是這些想法在媽媽眼中是背叛的表現。媽媽愈是急著親近女兒，態度言行就愈激烈，也難怪女兒會嚇得先躲再說。

在諮商室裡一次又一次，媽媽對著女兒講出內心的恐懼與失落，女兒感受到原來媽媽在責備怒吼她的背後，其實帶有這些脆弱的情緒，便也將自己內在的感受與媽媽交流。女兒告訴媽媽會永遠愛她，但現階段和同學之間有許多共通的話題，打好人際關係讓她很期待上學。

母女之間化解誤會後，我進而邀請她們共同營造親子獨享時光，或許每週一次，讓兩個人能像在諮商室中毫無芥蒂談彼此的情緒感受。母女樂於接受並當場訂下時間，媽媽很可愛，還說難得可以和女兒好好說話，要買很多女兒喜歡的鹹酥雞！母女笑著結束最後一次的晤談。

隨著智慧型手機近年來的普及，在親子之間衍生的問題愈加發酵，前文談的是給孩子手機進而引發的親子危機，但是父母過於沉溺手機而忽略孩子的現象也不容小覷。

如何適時適量使用手機，善用它帶來的便利，而非反過來被手機控制呢？父母可以先試著設好自己與手機的距離。例如我和先生說好，除非必要，否則不在孩子面前使用手機。畢竟我們全然親子互動的時光不多，而且會隨著孩子愈長愈大，慢慢的遞減。

有穩定且彈性的親子界線對孩子而言，也是擁有一種外在歸屬，尤其進入青春期的孩子容易被同儕影響，內心勢必受到一些動搖，當他不知所措時，知道向父母提出新想法可能會有風險，但父母會願意先聽聽看並與他討論，孩子尋求父母支持的動機就變強了。

維持界線的穩定與彈性對親子關係很重要，不可輕忽。

22

偏愛你的每一個孩子

每個不愉快和挫敗的童年，幾乎都是因為孩子感覺自己較不受父母寵愛而起。

——阿德勒，個體心理學家

「不公平，為什麼姊姊有新的原子筆，我沒有？」非獨生子女家庭，是不是經常感受到耳朵不得安寧？

我懷第二胎時，以為比起多數手足年齡相近，我們家姊妹相差五歲會比較容易相知相惜，結果證明我果然天真，差距五歲仍是無所不鬥。後來我乾脆設一個枕頭擂台，她們可以各自挑選喜歡的枕頭對打，但規則是只能枕頭碰枕頭，若枕頭碰到對方身體就算犯規。

這方法十分奏效，兩人從一開始熊熊戰火到幾分鐘後哈哈大笑。我的目的是讓姊妹倆有理說不清時，與其糾纏不清的攻擊，倒不如創造個安全恢復理智的場域，先讓孩子憤怒的情緒冷卻，待雙方恢復理智時，再邀請孩子上「對話舞台」。

家庭星座中可能呈現的樣貌

個體心理學家阿德勒提出「家庭星座」的概念，將家庭結構比喻成銀河系的星座，而星座裡的每一顆星就是家庭成員，星與星之間呈現不同的排列位置，構成家庭獨特的結構。

每個家庭中，手足的排序及互動方式會形成日後不同的人格特質，說明如下：

1 排行老大的孩子

老大因為是家中第一個孩子，一般來說會獲得相當多的注意和寵愛，直到第二個孩子出生造成巨大衝擊，從此以後剝奪感注入老大的生活風格中。

老大常常會為了取得父母過往的關注，竭盡所能吸引注意力，甚至可能出現破壞行為，導致孩子目的沒達到，父母也對不斷惹麻煩的老大心生厭倦。當老大性情大變，變得脾氣暴躁、不聽話、愛挑剔或是不服從時，這是給父母的警訊，孩子正用他的方式在表達抗議。

「你是哥哥，就讓一下弟弟。」「姊姊比較懂事，多做一點事很正常。」這些話我們常常聽到，有些根深柢固的文化觀念，如果沒有意識去覺察面對，潛移默化一代傳一代。最常見長子、長女負重道遠論，老大因為是最年長的孩子，往往不自覺成為父母的小幫手，照顧弟妹成了老大的義務，造成誤植親職任務到老大身上，讓某些老大變成責任心過高的自我犧牲者，某些則變成內心失衡的抗爭者，兩者皆是因為手足角色失衡所致。

幸好現代有愈來愈多資訊提醒父母要為第二胎的到來提前做準備，若是老大能在父母給予的保護及安全下提早知道弟妹的到來，並訓練合作和賦予能力給他們，轉換老大面對弟妹到來時的衝擊，讓老大感覺父母對他的愛不會減少，知道他的地位很安全，危機終會解除。老二出生後，父母也能妥善安排，讓老大偶爾重溫過往「獨生子女」的美好時光，這對親子關係而言也有加溫的效果。

2 排行老二及老么的孩子

延續阿德勒的觀點，典型的老二總像在參加一場比賽，無時無刻全力衝刺，不停訓練自己超越哥哥或姊姊。有趣的是不妨留意自己的夢境，排行老大的孩子經常夢見自己墜下，而排行老二的孩子經常夢見自己在賽跑，也就是充滿速度感的夢。對於排行中間的孩子，上有兄姊，下有弟妹，存在著需要競爭的壓力，可能比較容易出現刻意引發關注的行為舉止。

家庭星座對孩子發展的影響是動力性的，比如老二可能會以老大為學習目標，依照阿德勒的看法，老二的競爭壓力比較大，故建議父母在教養中間子女的路上，多給他們一些彈性和選擇，讓孩子有機會發揮他們的創意，走出自己的路。

老么的地位永遠不會被取代，因為是家中最小的寶貝，所以也容易成為最受寵的孩子。台灣家庭的新趨勢是以兩胎為主，故老二可能也是家中的老么。老么因為集三千寵愛於一身，雖然很有野心，但可能會比較缺乏勇氣，無法靠自我努力達到目標。

另外，責任心的部分，比起容易變成父母小幫手的老大，老么對於自我及各方面的責任感也需要多加留意。但老么因為比較不受限制，在創作上可能會有更多展現。

除了出生順序可能帶有的特性，實際還得搭配每個家庭的情況來看才會更為精確，再加上台灣傳統觀念重男輕女，也深深影響孩子性格的養成。

偏心可以，但要偏對了心

記得有一次與督導談親子議題時，忍不住好奇開口問：「老師，您有兩個孩子，也會出現偏心的情況嗎？」

他說：「每個孩子都有自己天生的氣質，兩個孩子中，肯定有和你契合度比較高的，或許是比較細膩貼心，或許是跟你個性比較像，這時候自然而然你會覺得這個孩子和你特別投緣……」

督導的一番話，讓我回去後細細咀嚼了一番。愛孩子是天經地義、理所當然，手心手背都是肉，每個孩子都是親生骨肉。然而，的確每個孩子與父母的投緣程度不同，再加上自身的歷史背景，不要說非獨生子女的家庭可能有偏心問題，父母自己也可能會在伴侶和孩子之間拉扯。父母要如何讓每個孩子知道他們都能夠得到雙親充足的愛與照顧，是父母必須要學習且面對的。

1 坦然面對自己的真實感受

以我自己的深刻體悟為例，我原本是家中排行第六的么女（原本還有個妹妹，但出生後立刻被出養），爸爸曾經非常疼愛我，直到我四歲時弟弟出生，所有對我的關注瞬間被剝奪。全家人無論自願或被迫都得將弟弟捧上天，尤其是身上帶了許多成長傷痕的母親，更是願意為了兒子赴湯蹈火。

面對父母的差別對待，多年來我們這些女兒看在眼裡，彷彿也只能被迫接受。我生完第二胎後，某次回澎湖的車上，母親向我坦承她知道自己長年偏心弟弟，對其他女兒造成了傷害。或許是真情的催化，她甚至透露我是所有孩子中，最不討她歡心的，也對我說抱歉，因為這不是我的錯，而是她自己的價值偏好。

當下我反而很感謝她誠實說出內心感受，也讓我終於放下天生不討喜的自卑情結，所以我不斷強調別疏忽孩子的感覺，即便是小小孩，對於父母的言行舉止都會看在眼裡，並用他們的方式去吸收與解讀。

那個瞬間也讓我恍然大悟，我必須得更真實的面對自己，才不會讓悲劇重演，當你真實面對了自己對於所有子女的感受，下一步該怎麼辦呢？

「偏心合理，但要如何偏對了心」，正是這篇文章的核心所在，即使知道你和哪個孩子比較投緣，也要學著去看見每個孩子的獨特之處。我相信每個孩子總會有某個面向與父母特別契合，以我先生和兩個女兒的相處為例，先生很高興小女兒和他一樣對數理有熱情，也很讚賞大女兒和他一樣不浪費食物（必須自首，小女兒和我一樣挑嘴）。

父母要學著去強化每個孩子的優勢，讓孩子知道父母對自己的肯定與喜歡，看得見自己身上的獨特。以童年的我為例，若母親讓我知道她看見我的細心與毅力，我肯定會感覺母親懂我，但也感謝原生家庭的種種，讓我有動力走上心理諮商一途，多年後成了敢於直面自己傷痕的療癒者。

2 對於每個孩子之愛適時適量

有手足的我們嘗過競爭的滋味，本該是無憂無慮天馬行空創造童年的孩子，卻得和手足爭奪父母之愛，相當耗能。處在競爭壓力中的孩子，總覺得自己表現不如手足，低自尊的孩子設法尋求自我的優越感，比較極端的例子猶如〈08被虧欠感啃食的父母〉（見六八頁）提到的繭居族，面對人際、求職等與社會連結的屢屢挫敗，為避免低落的自尊再次受損，轉而窩居在家中，從控制父母的虧欠感來汲取優越感，家庭成員關係注定要相互糾纏一輩子。

然而，若父母能讓手足之間建立同盟關係，每個孩子同處在安全的環境中，各取所需、善用資源，並且能夠相互支持與合作，手足一加一的凝聚力，可以讓能量累加。

以我家兩個孩子為例，小女兒很懂得欣賞擅於畫畫和跳舞的姊姊，而大女兒也很懂得讚美妹妹在數理上的邏輯推理能力。姊妹兩人的專長有所不同，我很樂意當起她們相互賞識的橋梁，常邀請她們用正面的眼光回應對方，同時也鼓勵她們盡情探索自己的興趣專長；父母會在能力範圍以內，給予她們全面的支持與陪伴。猶如先前所提，她們各自的專長在我眼中是以多元智能的視角來詮釋，各有優異之處。

根據阿德勒的觀點，孩子發展過程所遇到的每一個困難，很可能是因為家庭缺乏合作或充滿競爭而起。是因為孩子在家庭中感覺到不平等，所以不得不努力敵對和競爭。

最好的解決方法是父母有意識的訓練孩子之間建立合作關係，但我想訓練之前，父母得先省視自己在原生家庭的手足排行與成長經驗，是否對自己教養孩子造成影響，父母得坦然面對自己的真實感受，以及對於每個孩子之愛適時、適量的合理分配。

第四章

打造和諧且相互穿透的親子關係

23 開啟親子對話之門

只要親子雙方願意同頻率，保持良善的溝通，傾聽外在的聲音，也聆聽內在深處的低語，愛便不會消失。

某個晚上，我剛洗好澡正在吹頭髮，恰好先生返家，便請他到小女兒房間拿她的睡衣。不久之後，小女兒敲門進浴室，激動的跟我說爸爸先去弄手機，隔了一陣子才繞過去房間拿衣服。

這是先生的老毛病，他總是習慣一言不發先去做覺得最省時的事情，追問之下，他解釋只是順路把手機充電，時間不到一分鐘。然而，他沒有任何告知，再加上小女兒的高敏感，很容易解讀成：爸爸把手機看得比她重要。

就在我當起父女翻譯機的同時，大女兒一個小動作引發我的聯想，她離開餐桌走到書桌把耳塞放進耳朵，然後再坐回餐桌吃飯。正在說話的我，當下不自覺有這樣的連結：她覺得我很吵。

我轉而對著大女兒，她有些訝異，睜大眼睛看著我（可能沒料到我會留意這個小動作），面對我的詢問，大概感受到我語氣不悅，她先是支支吾吾百般否認，來回幾句問答像在繞圈圈，我知道這不是辦法，不如就從「我訊息」展開對話！

我：「我剛剛感到很不舒服，當我正在處理爸爸和妹妹的誤會時，你悄悄拿起耳塞，這讓我不自覺聯想到你是不是很不想聽我說話？」

大女兒：「我……我只是覺得等等妹妹可能又要大吼大叫，我想要安靜吃飯，媽媽你誤會我戴耳塞的用意了。」

我：「謝謝你告訴我，下次可以先知會我一聲嗎？否則你看我頭髮吹到一半，得衝出來安撫妹妹，還要釐清爸爸的行為動作，有點手忙腳亂，很可能就誤會你行動的用意。」

一如往常，我總會優先化解可能造成親子誤解的危機，當媽媽的朋友常問我如何耐著性子和孩子相處，我常與她們分享，對我而言教養像跑馬拉松，衝太快力氣耗盡，落後太多又不免焦慮。

我小學時是三項全能的田徑選手，尤其跑步更是拿手項目，每天清晨起來就得先跑數公里，連澎湖冬天狂烈的東北季風也阻擋不了我們，過程相當辛苦，你能想像小學五年級的孩子在一片狂風沙塵中，仍得設法抵達終點嗎？

幾年下來，我們學著在慢跑過程找到屬於自己的節奏，不盲目衝刺亦不停下腳步；套在教養上也十分貼切。

我與孩子建立信任感的這幾年，秉持牽著她們的手一起慢慢走的態度，不急不徐，見她們有所成長，為她們欣喜；見她們害怕退縮，鼓勵她們繼續嘗試。

跟大女兒用幾句對話釐清彼此內心想法後，我們相視一笑，快速清除各自負面情緒的殘留，用簡單幾句話語立即性的回應與澄清，讓我們母女又安放回彼此信任的位置上。

我和大女兒很有默契回到各自的崗位後，我轉而協助先生與小女兒之間所產生的誤解，優先處理小女兒（應該說只要是父女衝突，我都優先協助女兒做情緒調節），小女兒的情緒穩定後，再邀請爸爸進來對話，接著等孩子們都睡了，我會再花一些時間與先生對談。

聽起來有些繁瑣，但我這幾年總是不厭其煩反覆這樣做，就如童年的慢跑訓練，它讓我體會緩與動的調和，你終會看見自己從沒放棄前進所換取的價值，猶如我在孩子和先生身上看見逐日的改變，我很替他們感到驕傲。

「友善開放的親子對話空間」是我在孩子身上撒下的親子依附種子，從她們出生那一刻開始，天天悉心澆水，讓我們之後在任何層面的溝通上，都能保有信任關係的展開對話。進入青春期，正是孩子自我狂飆期，更需要找到讓他們感覺安全的對焦方向，否則親子之間可能一不小心就擦槍走火。

權威、溺愛、民主，你是哪一種父母？

「孩子就是不懂事，必須要嚴格管教，大人得替孩子做決定。」這是權威型父母的典型想法。

「孩子隨便養就會大了啦！我們小時候不也是這樣過來的。」這是放任式父母的想法。

每個父母對於育兒都有自己的想法，一般來說分成三種主要的教養類型：

1 權威專制型父母

俗稱的「虎爸、虎媽」，對於孩子的教養風格一絲不苟，徹底執行命令，往好處想孩子可以養成一絲不紊的習慣，無論生活作息、功課甚至人際關係，因為有父母嚴格管控，孩子可能是他人眼中的模範生。

然而，孩子不被允許發表自己的想法，對於這類父母而言，孩子還不夠成熟懂事，為了讓孩子有最好的發揮，父母務必得幫孩子全權做主。

2 嬌寵溺愛型父母

這類父母對於孩子無上限的寵愛，孩子形成茶來張口、飯來伸手的嬌生慣養性子，認為愛孩子就是要竭盡所能「富養」孩子。

比方一對生了三個兒子的父母，終於盼來小女兒，從小無所不用其極把她打扮成華麗貴氣的小公主，並要三個哥哥也一肩扛起呵護妹妹的重責大任。

這個小女兒從小在養尊處優的氛圍中成長，父母總是想盡辦法幫她提前搬開路上大大小小的碎石塊，父母的兩顆心總是懸在孩子身上，這樣的孩子難有獨立飛翔的機會。

3 民主規範型父母

這類父母對教養持有平和開放的態度，隨著孩子成長階段的不同，彈性調整親子之間的界線，並在界線中不斷反思，反思內容包括對自我、孩子及親子互動。

這類父母樂意迎接育兒路上的挑戰，也知道隨時張開耳朵傾聽孩子內心的需求，適時放手讓彼此都能保有探索自我及世界的機會。

以上簡述這三種類型的差異，現在請你想一想，假設現在成年的孩子和父母同在客廳，三種類型的成年孩子各自感受為何？

在權威專制型父母面前，成年孩子幾乎沒有表達自己內在想法的機會，與父母同在客廳感到約束與壓抑，必須表現出符合父母期待中好孩子的樣貌。

在嬌寵溺愛型父母面前，成年孩子表現退化，像個任性大孩子，恣意吩咐父母，同處在客廳中，感到壓力的反而是年邁父母，他們深知自己把孩子寵過頭，孩子失去從挫折中珍惜關係的機會，父母的聲音只能被潛藏起來。

最後在民主規範型父母面前，成年孩子感覺與父母同處在同一空間，是自在且安全的時刻，親子之間能夠暢所欲言，卻也能保有對彼此的尊重，即便立場不同，但總能找到彼此共融的角度。

你傾向當哪一類型的父母和孩子呢？

傾聽孩子的聲音，讓愛流動

有個長期諮商個案感嘆的跟我說：「我也好想有你這種媽媽，可以隨時敞開心胸和你談天說地。」我聽了既感慨又感動，心疼他在親情匱乏的環境長大，也因為他給予這段諮商關係的信任深深感動。

「聆聽孩子的內在聲音」是我教養路上的中心信仰，我很感謝老天賜予我敏銳細心的脾性，讓我從小學會與自我內在對話，一次次嘗試了解自己，與自我對話的能力串連起整個成長過程，成就了現在的我。不僅如此，聆聽自我更讓我深信每個人的獨一無二，要學會「理解」一個人，需要花上許多心力。

在教養路上，父母與孩子從肌膚相觸的那一刻起，實體的連結就此產生，親子之間的親密程度自然烙在彼此心底，彼此相愛並且想要更了解對方。咿咿呀呀的小嬰兒可愛模樣療癒極了，讓父母不自覺敞開心房，心也跟著柔軟起來，幸福感不斷滋長。然而，隨著時間流逝，孩子成長的不同階段，心與心的連結隨著各自的期待與需求分飛，是多少父母倍感無奈的情況啊！

其實，當孩子內在安全堡壘夠穩固之後，無論歷經多久的時間，只要親子雙方願意維持同頻率，保持良善的溝通，傾聽外在的聲音，也聆聽內在深處的低語，愛便不會消失，只是用不同的形式在不同時間點流動。

父母別忘了，要永遠替孩子打開傾聽的那一道門。

24

守護父母與孩子的童年

父母得先有面對自我的勇氣，不再抗拒童年對自己的影響，保有彈性與空間，讓孩子放心探索人生。

「孩子就是要罵、要打才會乖，你看我被打罵長大，現在還不是好好的！」

「我小時候都是一個人玩，為什麼兒子不行？」

育兒教養觀念的差異，經常是夫妻起衝突的原因之一。畢竟物換星移，社會環境不同，育兒觀念也該隨著時代改變。我想起前陣子和朋友聊起現在育兒的大不易，她回憶念幼兒園的時候，自己走路上學、自己走去媽媽公司，平時也是自己玩。但是回頭看自己現在一打三的母職角色，幾乎要全程陪伴，再加上先生無法達到她陪伴孩子的要求，朋友索性一切自己來，也因此累壞了。

在我的伴侶治療經驗中，發現孩子的到來最容易讓夫妻情感生變，時常見到太太希望能給孩子滿溢的愛與陪伴，偏偏先生抱持著隨便養、隨便大的觀念。記得有位先生在晤談時，推翻太太堅守的「正向教養」，說她的做法根本管不住超皮的兒子，最有效的方法是一根棍子打下去。太太當場臉色大變，埋怨先生對孩子沒耐心。

諸多教養觀念的差異，讓太太寧可一肩扛起教養責任，這時候先生感覺自己被孤立甚至被否定，夫妻因此漸生嫌隙，相處不睦，甚至不願再走下去，選擇結束婚姻。

不同社會氛圍產生當代的育兒風氣，父母該如何不過於執著自己的童年經驗，或受制於外在環境的育兒框架？或者該如何不僵化思維，執意要孩子符合自己心中的樣貌？

首先，父母得先有面對自我的勇氣，不再抗拒童年對自己的影響，進而區分教養過程中，哪些是自己的陰影？哪些是孩子要自己面對的議題？如此才能保有彈性與空間，讓孩子放心探索人生，父母也能更加貼近自己的內在小孩。

來自父母的投射

即將升國中的大女兒初經來潮那一天，我的焦慮整個被喚醒，不顧大女兒的淡定，跳針式反覆詢問她生心理狀況。

「你會不會覺得肚子痠痠麻麻的？」

「你會頭痛嗎？」

「有什麼不舒服要隨時告訴媽媽喔！」

大女兒出門上學後，我回憶起自己初經來潮的經驗，當時驚慌失措又不曉得該如何開口尋求協助，偷偷摸摸去媽媽梳妝台抽屜拿了一片衛生棉，笨拙的打開使用，卻因為不曉得要把黏貼處撕開，導致後來經血仍滲透褲子，被友人發現屁股一片紅的當下，真是無比尷尬。

回憶漩渦緊接著帶我看到月經不規律帶給身心的負面影響，以及當年母親的漠視，這些過往經驗讓我對於「月經」與「不安」畫上等號，而不安便是焦慮誕生的前奏曲。

釐清大女兒初經來潮喚醒我的童年焦慮，才會拚命表現出對她的關懷，花了一些時間覺察後，發現更多的是我過往被忽略的失落，導致我極力想在孩子身上做彌補，給予更多關愛，也因此容易本末倒置，遺漏孩子當下真正需要的協助。

在許多親子互動的情境中，父母對於自己的付出有所期待，當孩子給予的回應不如期待，父母又會依自己的經驗去解讀。然而我們是不是都忘了，孩子不是我們，每個人所需的生理與情感濃淡程度並不相同。

更多時候你以為在處理孩子的叛逆，實則是被自身的未竟事務或者是童年傷痕所纏繞。

安撫內在小孩，有意識的陪伴孩子

為人父母皆有自己的童年經驗，有些觀念複製到自己當了父母之後，有些經驗則會被完全推翻。成為父母之後，要如何不再讓自己的童年經驗來主導現在的父母職經驗呢？

1 探索早年經驗

我經常聽到諮商個案喜歡說這句話：「我就是這樣長大的啊！」是的，那到底是怎麼樣的童年環境讓我們成為父母之後，會有獨特的教養觀念呢？試著拿出一張白紙，勾勒童年最深刻的畫面，為這些人事物寫下關鍵詞和你的感受。

例如，我回憶最早的生日經驗，是五歲時在青梅竹馬家中，感受他們家慶生的溫馨氣氛，填補了父母從來不記得我生日的失落。那樣的溫馨深植在我心中，後來我們一家四口的生日，我一定會準備生日蛋糕，並請壽星許願，這樣的儀式感象徵著每個人生命的到來都值得被重視。

2 安撫內在小孩

每個人心中都住著小時候的自己，也就是個人的內在小孩，那個孩子或多或少受了點輕傷或重傷，可別小看心靈創傷帶給個人的影響，其影響若沒有自我覺察，甚至進一步處理，可能會造成終生困擾。

舉個例子，有一位太太相當害怕先生超過晚上十點才返家，因為童年的她在某個晚上目睹父親酒醉晚歸並坦承出軌，從此她的幸福童年消散，所以太太的內在小孩停留在那一晚的恐懼，那樣的害怕蔓延到她的婚姻中，那一晚身心受創的小女孩需要被長大成人的她好好安撫與擁抱。

3 有意識的陪伴孩子

在父母覺察與釐清自己的童年經驗之後，更容易分辨出教養過程中，父母與孩子雙方的反應落差，究竟所給予的是自己所期待的，還是孩子需要的？

這樣的自我意識覺察在教養過程不斷反覆發生，隨著孩子成長認知表達能力愈加清楚，父母碰觸到內在自我的機會也愈加頻繁。

邀請孩子傾聽自己的內在聲音，營造安心的氛圍讓孩子說出內在感受。父母以更多意識覺察來調整自我思考模式，讓親子的心都可以自由，培養出更高的情緒靈活度。

父母難免將自身經驗投射在孩子身上，成人內心帶著或大或小的匱乏、滿足，試圖傳遞給下一代，因而衍生出造成各式各樣親子衝突的經典名句：「我都是為你好。」但真的好不好，父母得問問眼前這個嶄新個體，即便他不說，也會用言行舉止來回應你。

父母傾聽孩子聲音的同時，別忘了也要傾聽自己內在的聲音。

陪伴孩子的同時，你也在安撫自己的內在小孩。

25 成為恆定的父母

孩子需要穩定的照顧者，讓他們在探索這個世界時勇於冒險，帶著好奇去面對生命的未知。

「我爸是個情緒化的人，明明前一秒說好的事情，下一秒立刻反悔，如果提出質疑他還會惱羞成怒，跟他溝通心很累啊！」

「我媽生下我之後就辭掉工作，當家庭主婦照顧我和弟弟，直到現在我離鄉背井念大學，她還是把我當做生活重心，天天準時打電話來關心我，每逢週末也會催促我們快回家。這對我而言壓力很大，我真希望她能找到自己的生活目標，不然每次辜負她的期待都會讓我有罪惡感，我們兩個好像相互捆綁。」

以前在大專院校及高中擔任校園心理師時，最常感受到年輕學子對於原生家庭父母的無奈，尤其正處於自我生涯探索期的孩子，在自我認同與混淆之間遊走，需要父母更多的耐心與肯定，父母該如何先穩定好自己的身心，與親職表現息息相關。

父母內在不好，孩子很難自己好

一個被當做父母生命核心的孩子，他要承受多少不為人知的壓力呢？

首先是父母的期望，他們將孩子捧在手掌心照顧，但孩子卻像被關在昂貴籠子裡的金絲雀，插翅也難飛出父母視線之外的世界。生長在傳統父權家庭、身為家裡獨子的提諾，自出生起便享盡父母特意保留的資源，你問他快樂嗎？

當所有的言行舉止都得被父母放大檢視，承受其他手足憤恨不平的嫉妒，還得背負著雙親過度關注的壓力，提諾有滿滿說不出口的苦，整個人生彷彿是父母設計好的劇本，感到了無生趣，卻又得任重道遠走過求學、結婚到生子，直到父母盼到孫子傳承的那一刻。那一刻是他四十歲生日，他仍對自己的人生充滿著困惑與不解。

這樣的孩子很難有機會找到自己的路，他們的心力被迫滯留在父母身上，滿足雙親為人父母的需求，將自己的彌補或匱乏一次次投射在孩子身上。

奕哲早年喪父，母親獨力扶養四個孩子，從小少了父親陪伴，母親也工作忙碌，奕哲便許下長大後要有自己美滿家庭的願望。工作穩定之後，奕哲向交往一年的女友求婚，婚後生下兩個孩子，為了讓妻小生活無虞，他既拚了命賺錢，回家又攬下所有家務。

奕哲以為實踐心中理想父親形象的作為，便可以打造完美家庭，直到發現孩子作文裡描寫的爸爸是如此自我，太太與姊妹淘的對話透露離婚念頭，他感到崩潰，欲哭無淚的審視自己內心是如此空泛，他一直以為快樂是討好他人，卻從來沒真正為自己停留。

「我想要孩子身心健康快樂」是所有為人父母由衷的願望，然而當父母無法先照顧自己的身心，將難以保持恆定的教養態度，而前後不一、充滿變數的教養方式會使孩子無所適從。

例如，有一名父親週四因為工作順利，主動說週六要帶孩子到兒童樂園玩，孩子當然滿心雀躍。但週五父親卻因為被老闆指責煩躁不已，週六早上便二話不說推翻自己的承諾。一次又一次的爽約，會一次又一次囤積孩子內心的失望和受傷，漸漸選擇疏離父親，這對孩子而言是他不得不發展出來的自我防衛，大人的耐挫性有限，更何況是孩子呢！父親面對孩子的疏遠，久而久之也覺得挫折而無助，兩顆心愈來愈相斥。

孩子需要穩定的照顧者，讓他們在探索這個世界時勇於冒險，帶著好奇去面對生命的未知。身為孩子安全客體的父母，勢必得學著讓自己處於正向與穩定的身心狀態，這無論是對父母自身或孩子而言，皆是讓自我與親子關係健康流動的必要元素。

我們皆需要情感上的滿足

何謂情感上的滿足？試想在你的生命經驗中，哪些時候、哪些人在你最脆弱無助的時候，其回應讓你感覺到「被懂」，亦即你感覺對方有碰觸到你的心，知道你經歷了什麼，也知道這件事對你的意義，他伸出溫熱的手，輕輕的擁抱你，告訴你不要慌、不要怕。

在你被挫敗包圍，自我懷疑的羞愧感糾纏著你，感覺自己總是不如他人時，你卻總是在他眼中看見自己始終閃耀著獨特，他鼓勵你繼續尋找屬於自己的路，從沒放棄過你。

父母陪伴孩子打造的安全堡壘之中，除了外在的基本安全性，內在情感滿足也是不可或缺的部分。

回頭再看父母自身的安全堡壘，當父母本身的情緒穩定性高，在親職表現的一致性相對跟著提高，這也是為何快樂父母才能養出快樂孩子。

如何成為恆定的父母呢？

認識自我情緒是首要條件。大家有發現在教養路上，「情緒」是最惱人的環節嗎？父母之所以失控，通常不外乎是孩子難管教。我有個性格溫和的朋友當媽媽之後，因為兩個兒子頑皮到讓她難以招架，淚流滿面向我求救。我還有個朋友個性暴躁，兒子遇強則強的脾氣讓他們父子經常鬧得不可開交，後來朋友請我引薦心理師，想學習情緒控制。

前文兩個例子想告訴大家，在教養路上，無論是哪種類型的成人，皆需要懂得自我情緒控制，畢竟誰也沒把握生出來的孩子氣質與父母百分百相合。

學習自我情緒控制的過程，建議培養出固定且有效的紓壓管道，可分為緊唾手可得的「快速通道」，以及處理「深層負面情緒」的管道。

「快速通道」適用於當下被氣到快失去理智，推薦腹式呼吸、想像式的腦內情緒按鈕、呼喚內在小孩的感同身受法等方式，多方嘗試看看。立即性情緒轉換能夠阻斷親子雙方衝突，有助於情緒快速調節、找回認知腦，避免做出傷害親子關係的衝動行為。

在處理「深層負面情緒」上，強烈建議父母至少要有固定喜歡的運動，例如快走、瑜伽、游泳等，另外靜態活動的部分，像是閱讀、手做、看電影、冥想，以及找專業助人工作者協助等，皆是保持情緒穩定的方式。

愛孩子的同時，別忘了你的孩子也需要父母能夠好好愛自己。

你們彼此都好，這個家才會跟著好好長大。

26 人人皆需要自己的情緒空間

當孩子意識到，自己無論展現任何情緒，父母的包容與接納都是長久穩定的存在，孩子更會以自然的態度來迎接各種情緒的反覆出現。

某天早晨在社區健身房運動，熱情開朗的鄰居主動和我閒聊。耳順之年的她是名副其實的美魔女，天天運動而且對生活抱著積極向上的態度，讓我好生佩服。然而她談起兒子卻面有愁容，先是肯定我對於兩個孩子的付出，進而提到她兒子與我年紀相仿，但親子溝通卻始終有道隔閡，說起前一陣子與兒子起了爭執，兒子把她的關心當做是負擔，一見面就不給她好臉色，並且直白告訴她：「媽，我已經長大，可以自己決定要和誰在一起，你給了我很大壓力，請給我空間。」美魔女黯然傾訴決心放手的莫可奈何，淡淡描述其用心不被感激的失落，決定不再插手兒子的人生，並且將重心轉移回自己身上，要對自己好一點。聽完她的分享，先是認同她對於孩子的付出以及自我的轉念，同時我的腦袋裡也不禁思考著，親子之間的空間感該如何拿捏？

走一段親子情緒對焦之路

小女兒是個在學業上相當自律的小一生，每天功課幾乎都能妥善運用下課空檔提前完成，在大小考試上也有不錯的成績，一個學期下來讓她對自己在學習的自我效能感大大提升。

或許是過度自信，某次小女兒抱持著沒有複習應該也會有好成績的僥倖心態，赤手空拳完成隔天的英文小考，果然需要背誦的單字沒幾個記熟，拿了四十四分的考卷回來。記得當時她一進家門，就愁眉苦臉從書包拿出摺爛的試卷，默默的遞給我。

我攤開考卷看到分數，同時看見她在分數旁寫了「我好ㄌㄢˋ」，看到她用鉛筆重重寫下自我評語，我當下忍不住先快速做了個深呼吸，暫緩本想與她討論過度自滿慘遭滑鐵盧的不當態度，我知道應該先去同理她的自責與失落，否則直接開起「早知如此，何必當初」的檢討大會，孩子不但無法接收到我的善意，反而可能是被斥責與否定。

我說：「媽媽看你的表情好像不太開心，是這張考卷的關係嗎？」

每天孩子回來，只要我當天沒有工作外出，小女兒一定是開了門衝過來找我抱抱，那時我會依據她的臉部表情來探問她今天的心情，無論她開心或難過也都習慣用「我感覺」的開頭來回應我。

小女兒幽幽的說：「你沒看到考卷上我寫的嗎？就是我很爛。」這時候我的回應將會是她接下來自我開放程度多寡的關鍵，她正在試探被自滿絆倒時，媽媽是否會先伸出一雙溫熱的手，輕輕把她扶起。

我選擇蹲下來，語氣輕柔的回應她：「媽媽感覺你今天過得很不輕鬆，拿到考卷看到超乎預期的成績一定很驚訝，一方面生氣自己怎麼可能拿這種分數，另一方面也擔心會被同學笑，你知道自己不是故意的，你也不喜歡這樣的成績，那樣討厭的感覺一直跟著你到現在，是嗎？」

我的同理做得很輕緩，故意放慢語調並加長情境做猜測想像，喚起她今天內心可能出現的不舒服感受，給她多一些的空間，讓她做自我情緒的覺察。

小女兒回答：「我前天才笑姊姊數學考六十分，結果我現在考得比她更低，我覺得她一定會笑我活該，想到就覺得很丟臉，姊姊很壞。」

當孩子開始卸下心防描述自己的感覺，千萬不要錯過稍稍開啟的小縫，順著孩子最想談的情緒去做高層次的同理，孩子更加確定你是盟友而非敵人，那麼他會慢慢主動將門打開，等到孩子的情緒調節回到平穩的狀態時，再來邀請他一起討論改善方案。

一旦親子的正面情緒對焦，知道無論如何父母總會接納並傾聽自己，就如我在小女兒被自己的自滿絆倒時，我不但沒有落井下石，也沒有直接扶起她，而是選擇先蹲下來，在與她一樣的高度猜測她的感受，讓她知道自己不是孤單的，媽媽的耳朵與心永遠為她打開。

讓孩子創造出自己的情緒空間

每個人都需要有自己的情緒空間，無論是大人或小孩。多數成人養成一套自己梳理情緒的方式，有人透過運動，也有人透過書寫、聊天或靜坐冥想等。大人有一套習以為常的情緒處理方式，那麼小孩的該如何形成呢？

不妨先大略了解情緒與大腦的連結，負責情緒和行為的是邊緣系統，而邊緣系統最重要的兩個部分為海馬迴和杏仁核，記憶會在海馬迴當中形成、歸檔，儲存在大腦不同區域，海馬迴會將同類的刺激與其他記憶連結。記得以前學習神經心理學時，老師不斷提醒我們要增加突觸的刺激，有助於海馬迴的豐厚與建檔，在爾後的不同困境中，因為有豐富的大腦圖書館，解決問題的能力不斷進化。

杏仁核主導記憶和情緒之間的關係，負責記錄個體經歷過的情緒感受，尤其是恐懼的情緒，特別容易被嵌入記憶中，例如孩子曾經成績達不到父母的標準遭到懲罰，那麼對於孩子而言，考差的負增強所衍生的恐懼，可能就此被杏仁核所標記，甚至類化到後來只要覺得對方的反應不如自己的預期，即使對方並沒有責備或否定之意，但自己會不自覺先有恐懼的情緒跑出來。人在面對恐懼的時候會怎麼做？是不是趕快逃跑來保護自己？

以下分享如何讓孩子創造出屬於自己舒適又安全的情緒空間：

1 健康的認識所有情緒

任何情緒皆有存在意義，無論正面或負面，父母得先正視這一點，才不會因為對「情緒」的差別待遇，而導致孩子對某些情緒懷有誤解。現在市面上有許多認識情緒的教材，無論是美國家族治療大師薩提爾（Virginia Satir）火紅的冰山理論，或是透過桌遊、繪本等的媒介，都是不錯的認識情緒工具。

2 父母自我情緒的梳理

自我情緒穩定的父母，才能在面對孩子情緒崩潰時，讓自我可以快速回到理智的狀態。當孩子意識到，自己無論展現任何情緒，父母的包容與接納都是長久穩定的存在，孩子更會以自然的態度來迎接各種情緒反覆出現。

3 讓孩子創造情緒空間

孩子需要獨立的空間，無論是外在或內在，在陪伴成長的過程，父母得學著適時逐步放手，過多或是過時的關懷，對孩子可能是無形的壓力，這樣就可惜了彼此的用心。

在每一次協助孩子認識與調解情緒後，別忘了與孩子討論當下次遇到類似情緒出現時，如何去梳理。比方小女兒昨晚跟我說，上台表演舞蹈時，她覺得很著急（後來釐清應該是焦慮），當下我們討論應對方式，我建議了深呼吸、微笑等方式來調節上台的緊張，但都被她一一婉拒，她自己想出了滴點檸檬精油在衣領上的方法（她從小就很喜歡檸檬精油的味道，讓她感覺放鬆），她說聞到喜歡的味道會比較不害怕。

父母在提供資源之後，別忘了還是要回到孩子身上，了解孩子的想法，畢竟他們才是解決自己問題的專家。

27 我愛你，就如同你愛我一樣

父母是孩子的黏著劑，也是孩子的容器，一個孩子自我接納程度的深淺，源自於主要照顧者，當父母總是能給予孩子正面支持及慈愛的擁抱，孩子便能真真切切感受到自己被在乎著。

我在二〇二〇年成立臉書粉絲專頁的初衷之一，是想記錄育兒心情並分享，其中一篇〈有一天你會懷念現在〉是某天我在河濱公園快走時，被遠方一對母嬰的互動深深吸引，心有所感而寫下的。

母親對著寶寶露出滿是關愛的笑靨，而寶寶以母親為世界的中心邁步走動，這麼純粹美好的畫面，不禁讓我回憶當全職媽媽那兩年陪伴小女兒的點滴，忍不住動容哽咽。

原來從孩子出生的那一刻起，我的生命注定增添更多色彩，讓我的故事文本更佳豐厚。孩子讓我有勇氣重返童年之路，打破童年形成的自我認知謬誤，練習把童年的自己愛回來，這是孩子給我的禮物，開啟我再次探訪內在小孩的契機。而相對的，當一個母親更懂得珍愛自己，能提供給孩子的照顧就更趨於全面，並貼近孩子真正的需求。

小生命的到來，對母親的生命產生撼動，我本著感激的心情寫下文字分享，得到不錯的迴響，爾後因緣際會將文字結合圖畫，成為獻給父母的繪本。

繪本出版後，我陸續得到許多父母共感的回饋。某次與諮商個案初次晤談時，這位新手媽媽說追蹤我的臉書粉絲專頁很久，幾天前也購入繪本，但至今還不敢撕開封膜，因為光是看到書名《有一天，你會懷念現在》就讓她滿是恐懼。

初為新手媽媽的她，至今仍未找到與孩子共處的舒適位置，當上母親之後要面對的困境多到令她措手不及。她對母職的恐懼不是單一個案，更是現代父母必須正視的感受，而她只是更勇敢一些，進一步尋求專業的協助。

到底我們要怎麼好好將對孩子的這份「喜愛」，安安穩穩傳達到孩子內心，讓孩子感受到父母的愛是真實安穩，不會是漂浮不定的。

我對爸爸、媽媽來說很重要

小女兒有一句口頭禪：「媽媽，我真的好愛你，你是全世界最漂亮的媽媽，而我是媽媽最愛的小寶貝。」

不得不佩服高敏感的小女兒這張吃了蜜糖的小嘴，總是甜到幾乎融化我的心（但哭鬧起來也有摧毀我腦神經的威力），細看她這段話，你感受到什麼？從她的視角來推敲，她對於母親的愛是無庸置疑的，而她也知道母親給她一定程度的依靠與溫暖，所以毫不遲疑表達她在母親心中的地位，是母親心中珍貴的寶貝。

父母是孩子的黏著劑，也是孩子的容器，一個孩子自我接納程度的深淺，源自於主要照顧者，當父母總是能給予孩子正面支持及慈愛的擁抱，孩子便能真真切切感受到自己被在乎著。讓孩子知道自己在父母心中很重要，是安全型依附孩子養成的必要條件之一，也是孩子在探索世界時所需要的安全感。

被一個人真正在乎著是什麼感覺？不妨先想想看在你的生命經驗中，哪一個人毫不保留的完全接納你，讓你至今回想仍然心存感激，希望你回想的那個人是童年的主要照顧者，因為這對你日後人格養成至關重要，但絕對不是人人都有此等的幸運。

以我自己來說，回想起生命中最初的安全客體是小學美術老師，他幾乎撐起我整個童年需要依靠的重量，在親友欺凌與同儕言語霸凌中，老師逆風送給我溫暖，讓我知道即使連父母都嫌棄我不夠好，但他從不這麼想。

他總是在校園裡、去遠足時拍下我一張張自然的笑容，不定時叫我到辦公室打開那總是塞滿冰淇淋和金莎巧克力的神奇冰箱，甚至不會計較我童言無忌的口無遮攔。在他眼中，我可以任性自在做自己，我看見的自己很可愛並且獨一無二，這樣的我可以被接納。雖然他已離世數年，然而他慈愛溫厚的形象早已深植我心中，成為我心中安全堡壘的形象之一。

一個被愛過的孩子，從小就知道如何去愛人，因為他有好的仿效對象，在後文〈29家裡的燈，永遠為你點亮〉（見二二二頁）提到的合作性家庭，即以真實家庭案例清楚說明。

父母愛孩子，孩子也深愛著父母，親子之間的愛相互映照，因為有彼此而顯得更加閃耀，你和孩子都是彼此生命中不可或缺的寶石。

愛孩子本來的樣子

「你愛自己嗎？當你褪去外在的頭銜地位，你還會願意愛著赤裸裸、毫無遮掩的自己嗎？」這是我在個別諮商時，經常會問成人個案的問題，而令人心疼的是，多數答案是否定的。

在教養路上，父母勢必會不斷看見從前自己的影子，倘若是陰影，請鼓起勇氣面對並處理，因為童年陰影愈抗拒愈惱人，更是阻礙父母感受真實自我的大魔王。懂得愛自己的父母，才能給孩子更清晰、穩定的照顧與陪伴，否則就如〈25成為恆定的父母〉（見一九五頁）所提，混亂不一致的教養，會造成孩子無所適從的窘境，孩子被迫只能另尋穩定的環境或自己蓋一個內在房子躲避風雨。

父母的真心是孩子安全堡壘的核心，同時別忽略每個孩子的獨特性，大多數父母是打從心底深愛著自己的孩子，但孩子需要的是被真正肯定，而非父母過於投射自身信念價值於孩子身上。

例如，對一個爸爸而言，他的生命經驗是課業成績好才能被肯定，偏偏兒子非常痴迷極限運動（並且有優異表現），爸爸表現出來的態度是他知道運動很重要，但功課好才是爸爸心中最優秀的兒子。這時對兒子來說，可能內心會天人交戰，到底是要得到父親的認同，還是要追尋自己的渴望？更多時候，孩子面對這些掙扎時，只能悶在心裡，父母不見得明白。

回到孩子的部分，他們的情緒感受可能因為環境壓抑，或者像是小小孩詞彙受限難以完整表達，但並不表示他們的情緒感受力比大人低。正因如此，孩子需要更多被專心傾聽、讀懂表達的機會，但卻因為親子之間難以穩定且同頻的接住彼此，以至於各種誤解的小劇場在各自腦袋中上演。

「愛孩子本來的樣子」不是口號，而是一種以真實生命會見的坦誠，沒有人能夠完美符合另一個人心中的期待與想像，我們不該將自己的期待過度投射在他人身上，尤其是你的孩子。孩子需要的不是父母的掌控，而是在成長階段中，親子各自面對自己的角色任務，保有心理連結，以及適度健康的焦慮，在面對生活中的挑戰時，勇於嘗試。

例如，孩子邁入新的學習階段或重新分班，必然會產生轉換環境的焦慮，父母可以協助孩子認識焦慮的意義，而非抵抗焦慮（甚至叫孩子不要去上學），並且能夠找出降低焦慮的方式，比方主動認識同學、找到校園中喜歡的角落等，透過這樣的過程讓親子一起成長。

「我愛你，就如同你愛我一樣。」我偶然在網路上瞥到這句話時，忍不住立刻記下來，這句話用來形容父母心境是如此貼切。孩子知道父母深深愛著他，而父母透過孩子一次次的告白，經常被孩子毫無掩飾的愛感動不已，雙方傳送給彼此的溫暖幾乎不相上下。

在養兒育女這條路上，有多少次與孩子互動的當下，讓你感覺生命的美妙不過如此，尤其在社會打滾多年後的我們，歷經多少人事風霜，而擺在你和孩子面前的，只有單一純粹的愛，所有人性的複雜扭曲全不存在。

28 日常化的性教育

請不要忽視性教育的重要性，我們有義務保護所有孩子的身心靈健康，而父母在教育孩子健康性教育的同時，不僅是在保護自己的孩子，也是在保護其他的孩子。

「媽，我們班男生今天帶了色情漫畫到學校，然後幾個男生開始對班上女生的胸部大小指指點點，讓我們女生覺得很不舒服。」

大女兒升上小學高年級之後，開始對自己的外貌變得在意，除了對身高、體重錙銖必較，對於五官、頭髮、皮膚乃至於影響到人際關係的身體意象，皆是她的關注範圍。不僅是她，整個班上風氣皆變得如此，這群即將邁入青春期的孩子陸續出現第二性徵，在這個發展階段對於性產生更多好奇。

記得我大概也是在大女兒這個年紀，因為胸部發育得早，再加上田徑隊每天早上練跑，跑步時胸部搖晃總會招致男同學嘲笑，讓當時的我好討厭自己發育過早的第二性徵。

二十多年後的現在，對第二性徵外顯程度的關注反轉了，胸部發育慢反而成為被嘲笑的對象，只能開玩笑說自己生不逢時。言歸正傳，現在來談談健康性教育的必要性。

性知識常態化的必要性

第一性徵是指每個孩子出生時，我們用以區分性別的男女生殖器，也就是所謂生理男和生理女的劃分。從小嬰兒開始，孩子對於自己的身體充滿好奇，不自覺撫摸把玩性器官，通常父母會給什麼樣的回應呢？是急忙制止，還是順勢教導孩子認識自己的身體呢？

每個年代面臨的挑戰不同，尤其當父母後更有切身體會，單以性知識來說，想想當年自己性啟蒙的人事物？相較於現在媒體資訊的發達，當年能接觸到的性知識可說乏善可陳，別說「性」在家中是禁忌話題，就連在學校也是封閉狀態，唯一可獲得性相關知識的健康教育課，老師也是在萬般彆扭中快速帶過。代代學姊流傳健康教育課只剩下看女性生產影片的收穫，抱著期待又怕受傷害的心情盼到看影片那天，只記得片中產婦痛苦的哀嚎以及孩子呱呱墜地，但看完後我們對於性這回事仍是一片模糊。

後來和幾個要好的女同學不時私下交流蒐集到的性知識，例如她偷瞥到父母的半夜性事、我解鎖彩虹頻道，甚至有陣子我們女同學的遊戲主題之一，是三五成群到某人房間，偷偷模仿性愛姿勢。對於當時的我們而言既刺激又好玩，畢竟在鄉下且封閉的社會風氣中，「性」被視為祕密。

直到大學之後，透過社會心理學的課程與交友圈的涉略，「性」才開始慢慢去祕密化，我們大方談性，以正面且日常的態度來面對性。

回想我對性的探索期拉長至二十幾歲，當年我經常感到納悶，明明是再正常不過的東西，卻因為自幼被視為禁忌而沒有好好了解的機會，以至於多繞了好幾個彎，在男女關係上因此吃了不少虧。這也讓我決心在當上母親之後，在性教育這個部分多花些心力著墨，讓性在日常生活當中常態化。

以健康正面的態度和孩子談性

「喔！那你和班上女生怎麼回應那些對你們胸部大小指指點點的男生啊？」我不禁好奇的問大女兒。

「我們要進入青春期了，胸部發育是很正常的，而且每個人的發育速度不一樣，當時我和幾個要好的女同學私下討論男生的幼稚，然後決定去跟臭男生們講清楚，請他們好好認識青春期，以及要懂得尊重女生胸部發育快慢，不然我們會請老師協助來處理。」大女兒劈里啪啦的說。

我簡單給了幾句正面的肯定，以表達我對她的信任。不再多加干涉，一方面是考量到她並沒有求救意味，青春期的孩子需要更多空間，她願意和我分享所見所聞，我對她的表達是接納與肯定；另一方面是我相信她對性的認識與自我的心理強韌度，當她沒有明確開口要我協助，我不需要給過多的建議。倘若相同狀況是小學一年級的小女兒提出，我肯定會更深入了解並建議。

關於建構出孩子對於「性」的健康心態，以下幾點提供參考：

1 父母自身性觀念的調整

記得大女兒小時候，帶領她認識身體各部位時，我將以往總被化成各種可愛小名的「小雞雞」、「小弟弟」，直言不諱告訴大女兒那叫做「陰莖」，先生當下被我嚇到，滿是尷尬的問我怎麼可以直接這樣教，我不禁反問他：「我們的頭髮直接叫頭髮，手指直接叫手指，為什麼陰莖就得被化名？難不成跟佛地魔一樣，是不能說的禁忌？性器官明明也是身體的一部分，過往的框架不打破，我們愈是神祕的不提性相關的正常知識，孩子就愈是好奇，想要去探索，你小時候不也是這樣嗎？」

特別提醒，在教養的各方面，父母雙方的同步性不容小覷，有良好的夫妻溝通，才能共同帶給孩子一致又穩定的成長步調。

2 善用各種媒材，將性知識日常化

當上媽媽之後，我真心覺得能在這年代當父母相當幸運，感謝世界各地專業人士對嬰幼兒身心發展的用心，讓父母有幸接觸到創意與智慧結晶，各種教具與繪本讓我大開眼界。

就以認識身體與性教育的媒材來說，立體人體拼圖、圖文並茂的繪本，甚至是各種卡通明星搭配身體教育的呈現，皆成為父母的超級幫手，引起孩子興趣的同時，還能讓父母藉機傳達教育理念。

青春期的孩子也有豐富資源，市面上陸續出版符合各年齡層的相關書籍，還有看到用可愛畫風介紹性知識的桌遊牌卡，較難以啟齒的性愛、自慰等部分，有媒材的帶領，對於父母而言是一大助力。

3 保持親子互動的彈性

依附關係影響個人自尊心，長期處在安全型依附關係中的孩子，遇到生命困境時，知道有父母的支持與肯定，心裡會更加安穩。特別是青春期必然面對第二性徵發育的問題，此時孩子更是需要父母引導，看似難以啟齒的性困惑，倘若父母能第一時間給予回應，讓孩子知道產生這些好奇是正常的，不需要感到害怕，孩子會更加心安，這種安心感取決於親子關係的穩定。

最後要提醒父母，請不要忽視性教育的重要性，無論是從令人心碎的葉永鋕性別氣質認同事件，或是繪本《蝴蝶朵朵》談兒少的性侵防治，在在提醒我們保護孩子的身心健康，必須從根扎起，刻不容緩。

我們有義務保護所有孩子的身心靈健康，而父母在教育孩子健康性教育的同時，不僅是在保護自己的孩子，也是在保護其他的孩子。

29

家裡的燈，永遠為你點亮

人若要解決人生的問題，就必須具有合作的能力。

——阿德勒

「從小到大，無論我們多晚回家，家裡都會有人。媽媽對我們姊弟說，不管遇到什麼困難都不要怕，家人永遠會為彼此張開雙臂，並且傾聽。」

某次做伴侶諮商的時候，我從個案太太身上看見，原生家庭對個人復原力的養成扮演關鍵角色。

故事是這樣的，太太在充滿正向溝通與支持的原生家庭長大，而先生出身傳統重男輕女的家庭。

新婚二年，某天太太意外發現先生與女同事的曖昧訊息，心痛到難以負荷，想要結束這段婚姻，而在原生家庭母親的安撫與鼓勵下，協同先生走進諮商室，除了想一探這段關係的究竟，也想為情緒做個梳理。

依照過往經驗，伴侶諮商需要進行好幾次，做諸多面向的處理。就在第二次時，他們告訴我，上週太太主動邀請先生在孩子睡了之後，開啟了幾次夫妻對話，兩個人過往的結得到許多鬆綁。

對於先生而言這是個不同以往經驗的溝通方式，因為從小備受寵愛的他做錯事不會被責備，也不需要負責。而太太在遇到先生疑似情感出軌的困境時，原生家庭的母親和弟弟第一時間給予充分的支持與安撫，同時也建議她尋求諮商，讓太太知道自己不孤單。

也是因為踏出伴侶諮商的第一步，讓彼此有機會敞開顧忌之門；在第二次的伴侶談話中，他們的關係快速修復，並且視這次危機為轉機，這樣的契機讓他們更深入了解彼此。

這段關係能夠快速修復，太太從小在原生家庭的「合作性家庭」互動方式功不可沒。

在合作性家庭長大的孩子

每個人在原生家庭的成長經驗，以及手足間的互動關係，影響著個人之後所發展出來的生活方式及態度，間接促成個人的核心信念。

後來幾次晤談中，太太讓我看見她的復原力來自原生家庭，才能有如此積極、正面處理婚姻危機的反應。

她說印象最深刻的是高中階段對於自我感的迷失，雖然在課業上十分用心，然而校內高手雲集，讓她即使挑燈苦讀仍無法一如既往名列前茅。在自我挫敗之際，媽媽告訴她不用擔心，沒關係的！

而爸爸開始每晚陪她熬夜解開一題題艱澀的方程式，並且不斷給她正面回饋。她就在父母的支持和守護下，漸漸學著鬆綁對自我的高要求，調整出一條更適合自己的道路。

以下從我在諮商時看到的實際案例列舉出三個要點來說明，孩子遇到生命挑戰時，合作性家庭如何搭建孩子背後的關鍵鷹架，讓其擁有正面力量。

1 尊重孩子的先天氣質

不管你是否為人父母，但一定是為人子女，是否發現即便同一家庭的孩子，都有每個人的獨特之處。

以我自己的孩子為例，大女兒不疾不徐，性子隨和溫吞，而小女兒出生後便是高敏感界的翹楚，在學齡後增加更多社會連結，其差異又更加顯著。

大女兒寫功課喜歡趕在最後期限前完成，而小女兒無論平日、假日，功課一定優先搞定。

對我而言，當然私心希望兩個女兒都早早完成功課，但儘管我們嘗試許多調整方式，大女兒到了小學六年級時還是照著自己的節奏。

倘若我硬把「我認為好」的方式強加在大女兒身上，而非與她討論，孩子可能會失去許多自我探索的自由與空間，並且會覺得「這是父母強壓的責任，而非我自己的選擇」，而無法培養責任心。

順勢而為的調整教養方式吧！每個孩子都需要有空間和自由發展自己。

2 創造家庭的共同目標

我非常喜歡前文的個案太太分享家庭故事時，說到從小便有家庭會議，並且隨時召開。

甚至幾年前一家四口分散不同國家，心仍彼此相繫在一起，任何成員遇到困難時，其他家人會在群組一起腦力激盪，不過最後的決定權當然是交給當事人，並且以尊重與支持的態度看待當事人的決定。

太太說：「從小爸媽就灌輸我們，家人要相互扶持，有任何問題都可以提出來，只要一家人齊心協力，沒有什麼難關會闖不過，再苦再難，家人都會陪伴著，你和弟弟永遠都不會是孤單。」

家庭的共同目標彷彿就像一個安全信念，是孩子心中的平安符，而這平安符上寫了這一段話：父母協助孩子接受自己的自由和責任，鼓勵孩子去創造自己具有意義與價值的生活，並且讓孩子知道父母的愛與支持恆久不變。

你讓孩子感受到的家庭共同目標是什麼呢？

3 相信與鼓勵你的孩子

孩子在發展時期，無可避免會遇到自我迷失的階段，這時候父母要能穩定的保持彈性，並且溫柔堅定的相信和鼓勵孩子，讓孩子在遇到生命難關時，慢慢學會接納自己，看到自己的優勢，進而長出挫折容忍力，就如前文的個案太太，她提到母親是她的人生導師，她在母親眼中看見女兒值得被相信，這對她而言無非是股強大的支持力量。

大人都會有害怕的時候，更何況是孩子，父母對於孩子的相信與鼓勵，是成長過程必備的養分。

勇氣與恐懼是相伴隨的，人若不覺得恐懼，便不需要勇氣，而勇氣滋長的背後，需要有重要他人的「鼓勵」，因為勇氣來自於個人覺察到自己內在有力量，自己並不孤單，倘若人喪失勇氣或深陷沮喪，便會產生不當行為，對親子關係產生負面的影響。

相互信任、尊重與合作的關係，是親子間最棒的潤滑劑。

內在家庭之燈永不熄滅

在親職教養中，可以看見長期被鼓勵肯定的孩子在遇見困難時，比較不會停止嘗試，部分原因是父母為孩子點亮的燈已內化到孩子心中，有心中暖暖的燈火守護著，孩子知道自己可以不畏懼、不逃避，不將自己的責任推卸到別人身上，心理韌性透過一次次的闖關愈加茁壯。

個案太太在某次晤談中，說了下面這段話，讓我好生感動：「我們家的燈從來不會關，爸媽說無論我和弟弟長到多大，隨時都可以回家，而且燈永遠會為我們點亮。」

我聽完忍不住回應她：「我好替你開心，我看見你心中有盞燈，無論是迷了路也好，遇見毒蛇猛獸也罷，這盞燈是自己內心永遠的家，家門隨時為你敞開，這讓你知道永遠都有愛在守護著你，愛讓人變得更勇敢。」

你有沒有發現，所謂的「合作性家庭」的成員之間，心是聯繫的，但允許彼此好好發展自己，沒有過多的干預，時時保有彈性，在相互尊重的原則中，彼此接納與傾聽。

「合作性家庭」的每位成員皆為獨特且被重視的，並且在安全的環境之中，允許探索與嘗試，逐漸成為自己。

第五章

讓孩子成為自己的光

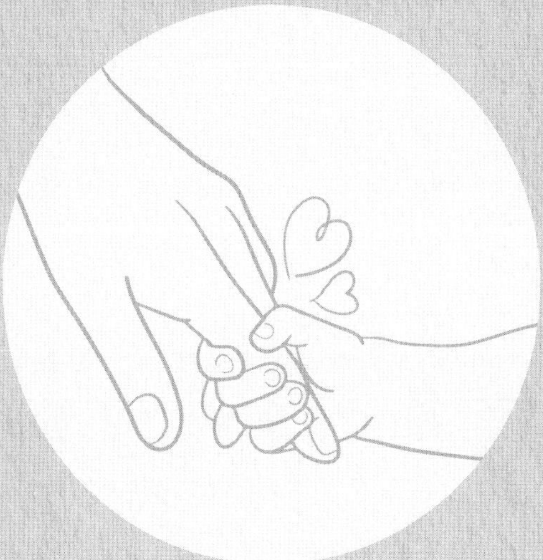

30 爸爸、媽媽，不要忘記我的光

幸福的人一生被童年治癒，不幸的人一生都在治癒童年。

——阿德勒

孩子應該有的童年生活

你認為孩子應該享有什麼樣的童年呢？你的童年過得快樂嗎？

你是否同意個體心理學家阿德勒的至理名言：「幸福的人一生被童年治癒，不幸的人一生都在治癒童年。」

小時候的老家對於現在三十多歲的我而言很有意義，串連起我的過去、現在，甚至是未來，當年父母工作關係被迫轉學離開老家，那種分離的哀傷猶存我心，老家是我的童年，三不五時出現在我夢中。

後來榮格分析師協助我攤開來看，老家代表我的自我和韌性，屬於老澎湖的韌性和耐力、不服輸和好強，兒時因家裡重男輕女，弟弟出生後頓時失寵的我只好更努力證明自己。

我小學時是師長看好的田徑選手，天天數公里的慢跑訓練難不倒我，再加上與美術老師的深厚情感，這兩個部分是我被肯定的最大來源。老家二、三樓的陽台放眼望去是一片大海，無數個午後我盼著父親的漁船平安歸來，常呼朋引伴到海邊撿貝殼、烤地瓜。鄰居有好多的田地，種絲瓜、芭樂、桑椹等，大自然是當時長期處在家庭風暴的我最大的撫慰，整個童年就這樣溫柔的被大自然護持。

你呢？你的童年生活是什麼樣子呢？如果重新來過一次，你想要選擇什麼樣的童年呢？

安全無虞的生活環境是心能夠安定下來的必備條件，以不斷轉學的孩子為例，曾經有個朋友在小學六年期間轉學了四次，導致他始終對於關係建立感到困難，每每對方說出讓他感覺要離開的話語時，長年的恐懼便不由自主冒出來，甚至主動攻擊，講出口是心非的尖銳言語，尋求自我保護，卻因此造成親密關係的創傷。

再者，父母陪在孩子身邊時，心在不在，他們都可以感受得到。我曾在一堂「情緒取向治療」課程中，遇到一位帶著三個孩子自學的媽媽，對她的教養方式相當感興趣，因為我非常明白就算對孩子再有愛，我都不是讓孩子自學的料。

我與她聊著聊著心生敬佩，她對自己的教學理念很清楚，也很明白在自學這條路上的目標與挑戰，相處下來感受到她的細心與耐心，真心為她的孩子感到幸運。回頭看看自己，深諳自己的能耐在哪裡，我能在照顧好自己之後，給孩子最有能量的關懷與陪伴。我相信，即使我和自學媽媽用不同的方式陪伴孩子長大，但我們同樣都把本身的良善傳承給了孩子。

我們都知道童年之所以可貴，來自於孩子尚未接受社會薰陶，面對世界的一切皆是初體驗，行為學派的美國心理學家約翰．華生（John B. Watson）曾經說：「只要給我一打嬰兒，我可以把他變成我要的樣子。」暫且不論行為制約的利弊，單從這句話可印證孩子未經社會化的可塑性。

隨著與主要照顧者日夜互動，孩子透過父母的眼睛認識這個世界，也學著自己該如何更適應世界。在這過程當中，父母不難發現孩子總會有自己看世界的獨特眼光，剛開始孩子對這個世界充滿新鮮與好奇，毫無框架與束縛，張開雙手擁抱一切，如此率直讓百憂無解的成人好生羨慕。

幸運的孩子無拘無束的想像被允許保留，並有其發揮的空間。例如，來自日本的美國大聯盟選手大谷翔平，他在二〇二三年世界經典棒球賽助日本奪得冠軍之後，媒體披露一張大谷在中學時立下的九宮格生涯計畫，充滿少年的夢想。他的父母一路以來給他的支持與陪伴，允許孩子追尋自己的夢，無疑是成就大谷翔平撼動世界的二刀流職棒生涯的關鍵推力。

你的孩子是你的孩子，但他們也是自己的

小小孩對於父母的愛是無條件的，還記得孩子總是將他最珍貴的東西送給你嗎？可能是海邊的一顆小石頭、路邊的一片葉子，或一張充滿神祕符號的手寫卡

片，皆是孩子在傳達對父母的愛，讓父母清楚且強烈感受到孩子對你的依戀。

發展心理學家艾瑞克森提出「社會心理發展階段」，將人的一生從嬰兒期到成人晚期分為八個發展階段，每個階段各有其發展任務。

第一階段為孩子出生的第一年，其發展任務為建立基本信任感，小嬰兒需要仰賴父母全程照顧，猶如艾瑞克森特別提醒的，此階段安全型依附孩子的養成，源自主要照顧者能提供即時安撫且穩定的需求滿足。在安全依附感羽翼下成長的孩子，之後開始學爬、學走的探索世界時期，會對這個未知世界產生更多好奇。

各位父母還記得孩子在寶寶時期的可愛模樣嗎？這讓我想起寶寶界歷久不衰的巧虎（我都稱巧虎為大神，根本是父母育兒的神助手），愛唱歌的巧虎總能協助安撫躁動中的幼兒。

「寶寶的小臉圓又圓，大大的眼睛眨呀眨，小小的嘴巴愛說話，寶寶的小臉真漂亮。」每當嬰兒期的小女兒哭泣時，我便連唱帶跳用這首歌安撫她，神奇的是她每每聽到這首歌總會停止哭聲，轉而用似懂非懂的眼神全神貫注盯著我，對著我咯咯笑，笑容中彷彿在告訴我，她好喜歡媽媽的陪伴（但也有可能在笑媽媽舞步很搞怪）。

小嬰兒的魔力在於他們即使還沒有語言能力，一雙眼睛卻能傳達給父母滿溢的愛。父母就像園丁，倘若父母能在孩子整個童年時光，能依照他們的成長需求，悉心給予所需要的水分與陽光，孩子將會帶著「我本來就值得被愛」的信心來探索世界。

也就是說，孩子所擁有的堅強、能力與自我價值感等，源自生命初始必要信任感的建立，而父母必須在孩子探索世界之前，給予他足夠的安全感。

可惜的是，某些孩子在生命初始對依附的需求受到阻撓，等同「可愛的我」之自我概念沒有成形，畢竟對小小孩而言，得到主要照顧者的了解或支持是首要任務。當這個依附需求沒被滿足時，孩子把尋得父母認同的需求拉出來當做生命主題，「成為父母心中的好孩子」變成孩子的成長任務。讀到這裡不妨停下來想想看，是否聽過有人這樣說：「我現在的工作是父母希望我做的，我自己也說不上來到底喜不喜歡。」

自從有了第一個孩子後，我努力實踐「看見孩子的獨特性」，從孩子出生那一刻開始，我總是不厭其煩在陪伴的當下，用語言及動作明確和她溝通。

記得大女兒還是小嬰兒時，某次我與好友相約吃飯，她見我不斷與小嬰兒對話並嘗試解讀回應，覺得超不可思議。當時我們才二十四歲，正值青春年華，朋友圈當中只有我為人母，好友說在她的記憶裡，沒有見過這樣的育兒方式，鄉下長大的我們不是放著養就自然長大了嗎？

我告訴她：「其實我們過去都誤會了，每個小孩出生後，就很有自己的想法呢！她只是一個還沒學會語言的聰明小人類，而我的重責大任便是讓她有豐富的環境，並且能在我的保護下，慢慢長成她自己想要成為的樣子。」

你知道嗎？每個孩子內心都期待能被父母好好重視。

31 每個孩子都是自己生命的專家

父母的回饋對於孩子自我概念形成至關重要，孩子在親子關係中所形成的自我概念，逐漸成為「如其所是」的自己，按照自己原來的樣子長大，而非「如期所是」、滿足父母的期望長大。

左右為難的牙仙子

記得小時候每每乳牙開始搖晃，雖然很不舒服（童年的我胃口很好，牙齒不堅固就不能好好品嚐食物，對我來說可真是一大折磨），但我情願忍耐，也不願面對拔牙的痛苦。

我小時候爸爸出海回來，要是發現我的乳牙搖搖欲墜，會毫不客氣直接用手或者細繩子硬拔，給我個痛快，導致我後來對於看牙有深深恐懼，寧可任牙口殘破凌亂，也不想去看牙醫。直到生完第二胎，在先生的鼓勵下，才痛定思痛決定花兩年時間植牙及矯正。

被迫休假的牙仙子

大女兒似乎延續我對拔牙的恐懼，總是拖到恆牙冒出來，牙醫評估不得不拔除乳牙，才心不甘情不願的在牙醫診間和搖晃的乳牙分手，事後還得搭配痛哭流涕數個鐘頭，以示對乳牙的思念，搞得牙仙子遲遲無法上工。

牙仙子的故事是從歐美童話衍生而來，據說當小朋友五歲左右開始換牙時，父母會叫孩子在睡前把掉下來的牙齒放到枕頭下，專門蒐集乳牙的牙仙子會在夜晚出現，悄悄拿走枕頭下的乳牙，並放上一枚金幣做為報酬。

這個故事的用意是想降低孩子對換牙的恐懼，甚至可以期待仙子的降臨，父母也可以藉此保存孩子的乳牙。

回到大女兒身上，我非常能同理她對拔牙的抗拒，所以更能花心力來勸導與安撫她，畢竟陪伴她的同時，彷彿也在陪伴過往那個情緒被忽視的內在小孩。

提前上工的牙仙子

小女兒和我小時候同樣都具有高敏感特質，然而在不同養育方式中成長，讓她與我當年有顯著差異。

自從她升大班發現第一顆門牙搖晃，便展開勇者無懼的換牙速度，不但手動縮短乳牙掉落的時程，每次掉牙的反應也和姊姊天差地別。她總是超級得意又征服了一顆搖晃的小牙，並且吆喝牙仙子的金幣怎麼還沒出現？

我和先生感到好笑又無奈的為牙仙子被強迫上工感到抱歉，另一方面小女兒霸氣的態度，讓我忍不住帶著崇拜目光看著她，她到底是如何做到的？

如何適時的聽、適時的問？

父母如何依循孩子天生氣質的差異因材施教，是得以開發孩子獨特潛能的關鍵，從我家兩個女兒對於換牙一個拖延、一個著急的應對方式，可以知道孩子天差地別的態度，對父母來說著實是種考驗，父母的回應將會影響孩子的自我概念以及親子關係。

1 父母的雙重聆聽

「傾聽孩子內在的聲音」說來似乎容易，真正實踐起來得花上一番工夫，天真無邪的嬰幼兒在溝通上礙於語言詞彙不足，而大一點的孩子則有諸多考量，例如怕被父母責罵，選擇說謊或者掩飾真正的內在感受；孩子表達時，父母需要更悉心聆聽。

我非常喜歡由敘事治療學派心理學家吉兒・佛瑞德門（Jill Freedman）在《敘事治療——解構並重寫生命的故事》（*Narrative Therapy*）一書中提出解構意味濃厚的「雙重聆聽」（Double Listening），也就是「解構式」的聆聽：一方面傾聽「問題」如何影響孩子？另一方面也要傾聽孩子做了什麼而會影響「問題」。

雙重聆聽試圖將我們界定的問題外化，讓問題本身才是問題，問題外化能夠減低責難與孩子防備的壓力，將問題擬人化，也就是將「事」和「人」視做兩個獨立狀態，進而去探索問題對孩子的影響。

例如問孩子：「生氣是什麼時候會來找你？」這有助於孩子的自我認同，不會因此就把生氣和自己混成一體。另外，更強調孩子置身其中，體現當下無法取代的獨特經驗，並據以產生能動性。

將換牙這個事件套入此一概念，小女兒的「著急」與大女兒的「抗拒」，是她們各自面對掉牙所產生的感受，傾聽她們滋生這些感受背後的聲音，了解「著急」、「抗拒」在事件中扮演的角色，以及形成的影響，例如身體出現共伴反應，讓孩子知道所有感受皆是合情合理，可以被自己和父母無條件接納，因為這些都是源於自身，而父母真誠一致的聆聽態度讓孩子不必為自己的感受擔心。

該如何保有真誠一致的態度去傾聽孩子的聲音呢？父母帶著「好奇與未知」的專注傾聽，有助於孩子將未形成的故事加深、加厚，誘導孩子離開被動接受事實的方式來看自己的生命故事，並且主動組建出自己的生命故事，協助孩子創造出新的可能性。

2 以問句帶出孩子的獨特

在雙重聆聽之後，延續敘事治療的觀點，父母回應的問句要繼續帶著解構的態度，也就是不過於帶入自身的觀點，比方我在同理大女兒恐懼的部分，會先邀請她說出自己的立場與想法，順應她想走的方向，陪她走一段自我探索小旅行。

各式的問句將協助親子雙方在探索小旅行中，處處見到驚喜，在此需要提醒別忘了請孩子當這趟小旅行的領航者，畢竟他們才是自己內心的主人翁。父母不妨試試將以下幾種敘事治療常用的問句，運用在親子互動中：

- 解構式（Deconstructing）問句

邀請孩子從不同觀點看自己的故事，當你想了解孩子的想法、態度與做法，運用有目地與介入性的問句邀請孩子以不同觀點來檢視自己的故事，了解自己的故事是如何被建構並探索其他可能的故事。例如：「同學把你心愛的筆弄丟了，而你選擇去找他把事件的經過說個清楚，並且心平氣和的跟他談，你是如何做到的？可以幫助我了解那時候你的心情跟想法嗎？」

● **意義性（Meaning）問句**

開啟親子空間的問話能夠形塑意義，孩子逐漸貼近情緒背後的核心，了解情緒形成的背後意義，例如：「關於這件事你的感受是什麼？你認為這件事想帶給你什麼？」

● **想像（Imagination）問句**

經由想像讓孩子去建構自己想要的生活或期待，進而產生改變的力量，我經常在生活中使用想像問句，尤其在與正值青春期的大女兒互動時。記得某次我被母職挫敗感包圍，便問她：「可不可以告訴我，你心中理想的媽媽應該是什麼樣子呢？」這句話即是典型的想像問句。

● **意義藍圖（Landscape of Identity）問句**

讓孩子釐清自己的渴求、願望、動機、期望和目標。例如問孩子：「你說長大想要當籃球選手，是什麼讓你有這樣的想法呢？」問句的核心聚焦於此藍圖對於孩子的意義。

為何強調提「問句」的重要，而非給「答案」的必要？提問有助於衍生經驗，也就是在製造經驗之中，將好奇轉為提問而非直接下定論。提問是一種意義產生的過程，當父母帶著期待與新鮮的冒險精神，問話就產生療效，孩子在過程中感覺到被尊重與自主權，親子便會在一次次過程中，產生更加豐厚多元的經驗。

親子面對當前難題時，若能將原本卡住的問題外化（也就是把問題跟人分開），孩子可從原本卡在問題中的無助感，轉成「希望感」。你想想，當一個被貼上「問題兒童」標籤的孩子，若能用敘事治療的解構眼光來重新詮釋，那這個孩子將成為「有能力克服困難的孩子」。

就以我童年對換牙的恐懼為例，後來我總是能躲就躲，家人替我冠上了「膽小的麻煩精」稱號，但沒人告訴我換牙的必要性，小時候我還幻想過若能不換牙該有多好。

倘若當時有人能在我的恐懼無助中灌入希望感，例如溫柔安撫與鼓勵，讓我感覺即使感到恐懼，我仍是個有能力克服困難的孩子，猶如我在女兒身上帶進牙仙子的光芒，那麼我肯定會用嶄新的目光看待對換牙的負面印象。

讓孩子成為如其所是的自己

父母的回饋對於孩子自我概念形成至關重要，一個從小無論怎麼努力卻始終得不到父母肯定的孩子，即便長大之後擔任人人稱羨的職位，內在仍有強烈的不安定感，這也是我們先前〈07打造孩子的安全堡壘〉（見五八頁）提到的內在安全堡壘不穩固。

當成人遇到童年所形成的個人情結時，其自卑感便不自覺產生，比方一遇到孩子頂嘴就抓狂的父親，內在可能住著一個受傷的孩子，那個受傷的孩子曾經充滿創造力，這樣的表現卻難以被保守的父母認可，不得不壓抑自己的本性，走上「乖乖牌」之路。

一個人要打從心底快樂，首要條件是認識真正的自己。孩子在親子關係中所形成的自我概念，逐漸成為「如其所是」的自己，按照自己原來的樣子長大，而非「如期所是」、滿足父母的期望長大。父母在陪伴孩子成長的過程，必須時時保持覺察，自我提醒。

每個孩子都需要被打從心底好好的看見，每個孩子都是自己生命的專家。

32 安全感就像抵抗力

父母給予孩子的愛所形成之安全感，在孩子體內織成關係的安全網，成長過程所遇到各式各樣有毒害的關係，都會因為父母親手編織的安全網而過濾掉。

小女兒對於小動物十分痴迷，先生經常在假日帶她到朋友家和貓咪玩耍。某次朋友的貓咪生了寶寶，臨時外出，將其中一隻暫託我們照顧，小女兒整個早晨興奮到不行，早早整理好空間等待小嬌客造訪。總算等到貓寶寶的來到，小女兒眼冒愛心，緊緊伴隨在左右，溫柔的跟牠講話，一切看似美好，但下一秒卻上演大反轉。

就在小女兒伸出細嫩小手準備撫摸貓寶寶的頭時，牠直覺性用爪子將小女兒的手抓出了一道長長傷痕。小女兒嚇壞了，痛得號啕大哭，跑到我身邊尋求安慰（我對寵物敬謝不敏，這又是另外的童年故事，但我尊重小女兒和先生對動物的親近），她問我：「為什麼喵喵這麼害怕我？還把我抓傷，我明明就對牠很溫柔耶！」安撫她的同時，我講了一個舉世聞名的猴子實驗故事給她聽。

依附關係是人類生存的必要安全天堂

一九五八年，美國心理學家哈利．哈洛（Harry F. Harlow）用恆河猴進行了一系列實驗，打破當年火紅的行為主義認為母嬰關係取決於食物溫飽的概念。

實驗將幼猴放置在實驗室中，裡面只有鐵絲做成的母猴與絨布做成的母猴，鐵絲媽媽有奶瓶供給食物，絨布媽媽柔軟而有溫度。實驗發現，幼猴肚子餓了會跳到鐵絲媽媽那邊吸吮奶瓶，一旦喝完又立刻回來依偎在絨布媽媽身上，證明柔軟的撫觸帶給幼猴的安慰更加重要。幼猴認定母親的溫暖在於肢體接觸、撫慰、支持與關懷，大於供應奶水的生理需求，如此建立起的親情依戀更強大。

之後，哈洛又做了進階測試，欲證實安全的依附關係對於幼猴的身心情緒影響。就在幼猴和絨布媽媽建立依附關係之後，絨布媽媽會不定時突然對幼猴噴氣或射出冰冷水柱，甚至伸出鐵釘刺傷幼猴。然而，驚嚇跳開的幼猴仍一而再、再而三的回頭，投入殘暴無情的絨布媽媽懷抱，不會選擇鐵絲媽媽。

哈洛一系列的實驗引發諸多議論，直至今日也能見到專家學者的深入分析，暫且不論令人撻伐的道德倫理問題，以及實驗侷限所引發的詬病，我們在此得出兩個在親子依附中至關重要的結論。

第一個結論是，依附為動物本能，每個孩子都需要建立依附關係。前文反覆提起的內在安全堡壘，意指父母與孩子共構了一個安全平台，孩子無論在長大的過程中走向哪裡，不管在外面遭遇多少挫折，都不會覺得孤單無助，對孩子而言，有一個隨時可以回來充電的安全基地。在此安全型依附關係之中，孩子所發展出的自我概念是堅強、有能力、有價值。

然而，當其安全堡壘不夠穩固，就如絨布媽媽不定期出現無情攻擊時，將會造成孩子內心的恐懼，也就是第二個結論想提的，當孩子從來沒有被穩定愛過，長大後遇到困境會不曉得如何求助，於是只能依循小時候所發展出來的自我保護模式運行。

想一想，當幼猴被絨布媽媽攻擊時，牠當下只能躲在鐵籠角落，猜猜幼猴會怎麼辦？在絨布媽媽尚未停止攻擊前，幼猴於無助的當下調節情緒的方式，是前後搖晃身軀，做自我安撫的動作，然而恐懼已深植心中。

同樣的情境回到人類孩子身上，孩子被迫從小發展出自我保護的生存之道，幫自己打造許多符合各種情境所需的人格面具。當安全感不夠時，尋找依附就成為首要的需求，長大成人後極力避免落單，深怕重蹈童年覆轍，不斷執著於尋找身體及心理上的依附客體，以他人的了解或支持做為安全感的來源，卻無法從自己內在尋找。

我們需要愛，就像需要氧氣

「如果我是小猴子肚子很餓，我會直接衝去鐵絲媽媽那裡喝奶，再衝回絨布媽媽身上。」小女兒說。

我故意先給了小女兒情境問句，想不到她的回應和實驗的走向一致，這也印證了就連六歲孩子對於溫暖的依附都有與生俱來的直覺反應，故事講著講著，我也就順勢帶回到貓寶寶身上。

「你想，貓寶寶突然離開媽媽身邊，第一次來到我們家是不是會覺得害怕？媽媽有看到你對牠特別的輕聲細語，但是牠到陌生環境需要時間適應，牠不是不喜歡你，也不是故意要抓傷你，牠是因為很害怕，所以得保護自己。」

每個孩子都需要父母的愛，在充滿溫暖的安全關係中，身心靈得以健康成長，每個孩子也有自己的信仰和理想，也想按照自己的心意尋求秩序，若孩子的心意無法被父母接受到，且父母執意用自己認為「對的方式」來教養孩子，親子之間可能會釀成永無止境的混亂互動，滋生各種型態，例如孩子總是不配合父母，或是極度討好父母。

進一步來看，當依附關係呈現失能狀態，父母自身的心不安寧，間接使得孩子感覺到關係中的不安全，不自覺過於依賴雙親。我在實務上見過不少學齡後分離焦慮感無限延長的孩子，抗拒上學，堅持要陪在母親身邊，這種情況經常來自於母親和孩子長期以來的互動。

有質感的陪伴是父母送給孩子最好的禮物，「質感」是指悉心看見每個孩子的特別之處，讓父母對於孩子的愛能夠對接到孩子的需求，讓孩子透過父母愛的滋養，得以在生命中得到抵抗力，猶如臨床心理學家蘇珊·強森提到的，依附關係被視為有療癒功效的資源，不只可以療癒日後個人在其他人我關係中的問題或創傷，同時也是具有療癒功能的安全基地。

父母給予孩子的愛所形成之安全感，在孩子體內織成關係的安全網，成長過程所遇到各式各樣有毒害的關係，都會因為父母親手編織的安全網而過濾掉，去除無益的雜質。「愛」在生命初始所形成的力量，強大到我們難以想像。

我每看必掉淚的電影「星際效應」（Interstellar）探討了愛的定義：「愛是唯一我們能夠感知，超越時空次元的東西。」父母的愛猶如宇宙穹蒼中永恆的日月星辰，日日夜夜注入孩子的心，使孩子得到足夠的滋養，成為孩子永恆的心靈支柱，讓孩子能夠在生命的每個當下，好好發光發熱。

33 失敗了又有什麼關係

每一次失敗經驗都能帶給孩子成長，無論是技能上的學習或心理上的成長，皆會有豐碩的收穫。

「我從小對於學校成績非常在意，一直以來努力讓自己保持第一名，但高中之後遇到一群再怎麼努力都無法超越的學霸，我覺得很沮喪，那是我唯一可以被爸爸認同的時候。從我有記憶以來爸爸就很重女輕男，對姊姊無限溺愛，對我的要求卻很高，所以考第一名就是我可以肯定自己有能力的唯一標誌。」

以上這段話出自我的諮商室中探索自我價值感的成人案例，當成長經驗是只許成功、不許失敗，帶到之後的關係當中，無論是家庭、婚姻、親子或友誼，在人我關係之中達不到對方的認可，往往從挫敗中衍生出對自我的否定。這背後發生了什麼事？

每個孩子都希望得到父母的肯定

曾經看過一本名為《慶祝失敗派對》的繪本，書中媽媽幫孩子舉辦慶祝第一次感受到「失敗」且傷心哭泣的派對，趁機帶著孩子認識失敗的意義。媽媽送給孩子一個禮物：「能夠愛自己的力量」。

記得當年陪伴幼兒園的大女兒閱讀這本書時，她第一時間的反應是失敗有什麼好慶祝的，好奇怪。是啊！就在整個社會文化偏重成功的價值時，失敗到底有什麼好慶祝的？

邀請正閱讀這本書的你，先暫停一下，回頭想想自己過往的人生經驗中，「失敗」所占有的重量，這些失敗事件對你後來造成什麼影響嗎？既然此篇以學業成績起頭，那麼我就來說朋友小怡的故事。

她小學畢業典禮那天，身為家長會長的父親出席並坐在第一排，在台下的小怡滿心期待，想著等等上台領獎時，父親肯定會很替她驕傲，她不僅是班上第七名，而且得到電腦技藝獎，父親有兩次替小怡鼓掌的機會。

頒獎時間終於開始，小怡的視線不時停留在父親身上，每每有學生上台領獎，他總是給予熱烈掌聲。直到第四名的同學上台，小怡卻見父親臉一沉起身離去，隨著他往外走的背影，彷彿每一個沉重的腳步都是失望，他對小怡的失望，以及小怡讓他失望的難過。

小怡感受到自己徹徹底底失敗了，那樣的絕望感受直到今日回想起當年的畫面，還是會讓小怡的情緒忍不住掀起一陣漣漪。

從父親身上，小怡得到自己不夠好的自我評論，原本沾沾自喜的第七名卻被父親鄙視。「我得不到父親的認可，我是一個不值得被愛的人。」這樣的想法充斥著小怡國、高中時期的自我信念，她甚至用「天生愚笨」來平衡自己的難過。

當時的小怡並不知道引發負面感受的來源，其實是一個孩子擔心不被父親愛的恐懼與悲傷，為了保護自己，她變得在人前防衛，對他人給予的肯定投以懷疑，與人保持距離以免自己的脆弱受到創傷，這是當時處於青春期的小怡內心世界不至於分崩離析的唯一解藥。

小怡的成長故事是普羅大眾中之的一例，也喚起我童年的類似經驗，每當在諮商室中聽到這樣的故事總會格外心疼。父母在孩子面前，帶著自己尚未自我和解的童年傷痛，協助孩子建立鷹架的過程，不穩定的狀態難免在關鍵時刻引爆親子衝突。

對於成功定義的執著，一次次習得無助感的形成，孩子沒得選擇，一部分的孩子被迫只能滯留於童年，卡在那個失敗就得不到父母愛的自己，失去發展「真我」的絕佳時機，帶著低落的「自我價值感」，沒能養成長出自我信任的力量，進而發展出「假我」。所謂的假我意即，當父母對孩子的了解不足、無法回應孩子的需求時，孩子終會反過來適應父母。

回到父母身上，許多時候他們的反應並不是刻意的，就像我到大學畢業時，父親才真正首次全程參與我的畢業典禮。不善情感表達的他即使什麼都沒說，直到當下我才感受到，原來他一直用自己的方式來表達父親的愛，可惜二十幾年來孩子都誤解他。這樣的頓悟讓我更加有意識在教育下一代以及助人工作上，加強對於孩子情緒的處理。

培養孩子的心理韌性

電影「奇異博士」（Doctor Strange）第一集有這一段對話：

多瑪暮：「你不可能贏。」

奇異博士：「我可以一直輸。」

奇異博士即使知道自己打不贏時間大魔王多瑪暮，仍是秉持不放棄的精神，告訴對方他願意一起被困在同一個時間輪迴之中，而不選擇放棄。奇異博士的精神，帶出此篇我想要談的核心：「心理韌性的培養」。

所謂心理韌性，簡單來說是指個人在面對精神或情感上的壓力時，內在的彈性足以讓他自我調節，又稱心理復原力。這也就是「能夠愛自己的力量」，一個懂得愛自己的人，對於自己能夠面對困難深具信心；而對自己的信心，取決於個人的挫折容忍力。

在我們的生命當中，恐懼隨時都可能出現，例如第一天上學、參加重大考試等，這樣的恐懼若選擇漠視，累積下來最終會覺得身上有某種東西從根本的感覺就是不對，即便那種感覺難以形容，但個人心中曾有種強烈、下意識的焦慮在拉扯。

父母在孩子成長階段扮演著至關緊要的角色，不只是生理上的照顧，對於孩子心理韌性的養成，父母更是責無旁貸。該如何培養孩子的挫折容忍力呢？舉一個我幾年前準備諮商心理師國家證照考試的實例。

當時寫完碩士論文到大考之前只有兩個月，我必須要在短時間內讀完考試範圍，令我相當焦慮。

先考上的朋友在飯局時感受到我的焦慮，跟我說他有個學弟今年要挑戰第四次的證照考，朋友曾好奇問他考這麼多次都不會想放棄嗎？學弟回答：「我相信我自己，我做得到！」朋友學弟的毅力震撼了我，我勉勵自己就算害怕，還是要繼續前進，我相信我自己。

「我相信我自己」這樣的信念如何帶到孩子心理韌性的養成？小女兒剛學騎

兩輪腳踏車的時候，連人帶車摔了兩次，生氣的說再也不想學騎腳踏車，可是又心心念念看著其他孩子悠遊自在的騎車嬉笑。

她的掙扎我們看在眼裡，爸爸決定親自下海示範，他佯裝騎車摔倒再爬起來，幾次之後，他來尋求我的幫忙，要我扶住車尾，讓他可以慢慢抓到平衡，這時成功駕馭腳踏車的爸爸忍不住大聲歡呼：「耶呼！跌倒沒關係，因為我很勇敢爬起來，我做到了。」

兩個大人演出這場戲實在很搞笑，但你猜猜孩子看見什麼？孩子意會到原來跌倒並不丟臉，受傷了沒關係，爸爸跌倒了媽媽會在旁邊鼓勵他，爸爸做到了媽媽為他開心，「失敗不代表什麼都沒有」，失敗是持續前進的更大動力。

就在我們有意無意的催化之後，幾天後小女兒突然自己開口想再去嘗試騎腳踏車，過程中當然摔了幾次，但她變得積極挑戰，主動尋求我們的協助，我看見孩子的心靈變得更加茁壯。當父母能夠與孩子的情感同步連結，且能提供足夠的必要條件，幫助孩子建立良好的人生起點，回應孩子每個當下的需求，孩子的挫折耐受性便會逐步提高。

每個人都應該相信，生命中所遭逢的失敗將帶來學習與成長，失敗有其意義，只要你有意識去面對；每個孩子皆需要有恆定的客體，也就是親愛的父母在旁持續加油打氣，父母的支持與鼓勵，將是孩子自我認同最中心的力量，尤其在面對失敗的時候，每一次失敗經驗都能帶給孩子成長，無論是技能上的學習或心理上的成長，皆會有豐碩的收穫。

只要父母有心，時時刻刻，都可能是培養孩子心理韌性的絕佳時機。

34 孩子會給你最好的答案

孩子才是自己生命的專家，問題的答案在孩子手上，且答案需要自己去探索。

大女兒即將上國中前，我曾經陷入嚴重的天人交戰，糾結著到底該不該讓她就讀美術班？

故事是這樣開始的，大女兒幼兒園小班時，我們陸續讓她嘗試各式各樣的才藝課，足球、小提琴、圍棋、舞蹈、畫畫，後兩者她持續學習至今，剛好一動一靜挺好的。

剛當媽媽那幾年，我經常看著網紅媽媽們積極培養孩子眾多才藝，成天忙著接送，讓我好生佩服。說起來有些羞赧，我非但不是積極行動派的家長，甚至有些懶惰，至今接送孩子的重責大任都由先生獨力扛下，當初會報名才藝課也是因為幼兒園開課，我才讓女兒多方嘗試，也因此讓大女兒遇到繪畫的啟蒙老師。

剛開始上畫畫課，大女兒好幾次哭著回來跟我說班上男同學笑她畫得很奇怪，但老師都說她畫得很有特色。直到某次家長日，恰好畫畫老師也有出席，我見機不可失，便上前詢問老師的看法，老師的一番話讓我瞬間紅了眼眶。

「她很有畫畫天分，每次上課總是很認真畫出自己的想法，我可以感覺到她的用心，一筆一畫都是她的心血，我真的覺得她很棒。」老師說完，還特地朝大女兒走過去，笑著摸摸她的頭，說她好棒，請她繼續努力。

畫畫老師的正面肯定，讓大女兒不畏同學異樣眼光繼續畫下去。升上小學之後，因為私立小學課業繁忙，再加上大女兒對於學校美術老師的教法興致缺缺，所以我們沒再特別幫她安排課程。幾年下來，我觀察到大女兒畫畫的專注力超乎想像，我是個完全不會畫圖的手殘媽媽，就算要畫也只會快速畫出幼幼班程度的櫻桃小丸子，但大女兒一握筆就是整個午後，每次到書局也是嚷著要買畫冊，持之以恆的一本接一本創作，對於畫畫樂此不疲。

陪著孩子一起冒險，不試怎麼會知道？

對於孩子的學業表現，我著重在「學習態度」上，大女兒對繪畫的專注力卻怎麼也無法顯現在學科上。不可否認，我和先生皆在教導過程感到挫敗，常常反思孩子考試經常敬陪末座背後的原因，也擔心她會對學科產生習得無助感。

當時剛升小學五年級的大女兒原本備受肯定的繪畫功力，卻屢屢在美術老師面前被忽略，好幾次大女兒失望的問我：「為什麼美術老師都會稱讚其他同學畫得很好，但從來沒有讚美過我，給的分數也沒有特別高，我是不是不適合畫畫？」

面對她的自我質疑，我和先生在不斷給予她肯定與鼓勵的同時，也思考如何突破環境的限制。畢竟學校美術老師有他個人的審美觀，如果被一個不懂得欣賞的人斷了孩子培養多年的自信來源之一，那多可惜。我們夫妻討論之後，建議大女兒去畫室深入學習繪畫技巧。一開始擔心造成她的壓力，與她多次討論後，決定先買短期繪畫課程，讓她有時間和空間適應。

大女兒開始每週六連續上五個小時的繪畫課，從最基礎的素描開始學，還記得第一堂課她拿回整個下午素描畫出來的立體正方形，並且跟我說她很喜歡時，我當下忍住眼淚看著眼前的小女孩，她彷彿瞬間長大了！這樣的感動在父母驚覺孩子長大的瞬間經常會出現。

就這樣畫著畫著，她從素描畫到水彩，對於繪畫的喜愛與日俱增，直到升小六的暑假，我們才認真思考國中讀美術班的機會。謹慎的我想過無限種可能性，無數的擔心與考量，直到確定可以撕榜前一刻，我仍在詢問大女兒的心意。畢竟以我的視角來看，我們所屬學區不僅是額滿國中，且有不錯的辦學經驗，整體學習資源與管道相當豐富，有必要捨近求遠為了進美術班去念其他國中嗎？

另外，我還有一個潛藏的擔心：這個決定對孩子是最好的嗎？她將來後悔了怎麼辦？我有盡到身為父母的責任嗎？

問題的答案，一直在孩子手上

「請你們給我一次機會，相信我想要念美術班的決心，我想要結交一群同樣喜愛畫畫的同學，我想要有更多的時間畫畫，我會為自己的決定負責……」就在決心撕榜前一晚，我們再次開了家庭會議，各自講出自己的考量，大女兒還擬了一份「決心聲明稿」，以上為其中的一段話。

她提醒了我「自我負責」的重要性，她強調這是她的選擇，鏗鏘有力的表述做出選擇背後的動機，以及意識到選擇自己所愛相對要付出的代價。當下我不禁問自己：「我是不是以自己的經驗來填補孩子的故事空隙？」

在助人工作中，我經常導入敘事治療的觀點，其中提到保持「不知道」（not knowing）立場的重要性，這個觀點是指心理師與個案一同走向未知之事的歷程，心理師不預設問題答案和個人意義，以「不知道」來培養好奇態度。帶著好奇立場的傾聽與發問本身產生的推動性和進展性，在實務現場中帶來相當好的療效。

這種好奇可以開發孩子的觀點，找到解決問題的答案，父母帶有好奇心使得親子對話有更多元的視角。

在我們不斷反覆進行的親子對話中，一直可以感受到就讀美術班對於大女兒有重大價值，而我忍不住困在自己的既有生命經驗中，差點忽略孩子才是自己生命的專家，問題的答案在孩子手上，且答案需要自己去探索。探索的前提在於父母是否願意適時放手，給予孩子一定的信任，打開他的心理空間。而要真的聽懂孩子內心的渴望，父母的「好奇心」是不可或缺的元素。

「每一次面對的未知，其背後所蘊含的奇蹟，總會有意想不到的收穫」，簡單的一段話卻韻味無窮，這句話在我生命中不斷發酵，陪伴我度過數次的人生低谷，「奇蹟」是勇氣與成長所帶來的光芒，而這樣的光芒，在每個人的心中都可以找到；我們的孩子需要在父母的支持下，尋找屬於自己生命的奇蹟。

嘿，我親愛的孩子，帶著滿滿的勇氣挑戰嶄新的國中美術班生活，媽媽永遠支持你！

35 和孩子探索生命意義

每個人來到這個世界都有獨特的意義與價值存在，父母在陪伴孩子探索生命意義的過程中，也能再次回想童年的自己，從中發掘出對自我的更多認識，甚至賦予過去新的意義。

近年不斷出現兒少因為被禁用手機憤而跳樓輕生的新聞，網路上議論紛紛，有人說現在孩子是草莓族，有人說父母管教有問題，有人引以為鑑……，每個孩子對於自我生命的探索，亦即自我概念的養成，和父母的視角息息相關，父母無論有意或無意說出的話，很可能一不小心就刻在孩子心上。

你自己或身旁的人說過這樣的話嗎？「我爸跟我說過，很後悔把我生下來。」「我媽說，上輩子一定是做錯事才會生到我。」「我也不知道，到底為什麼要來到這個世界。」還記得小時候遇到極度痛楚的時刻，是如何排解自己的負面感受？對於生命你怎麼看待呢？

很多成長中的孩子陷入無計可施的痛苦時，因為不曉得如何處理自己的痛而選擇自傷，以減緩心理上的難受。

生命的意義，是父母務必要帶領孩子去認識的議題。

生命教育的必要性

大女兒兩歲時，某天突然對著橘紅的夕陽驚喊：「太陽快要死掉了。」語畢衝到我懷裡，同我訴說她的恐懼，擔心再也看不到太陽，我連忙安撫她。

「太陽死掉就跟人死掉一樣會永遠消失嗎？」「如果我死掉了再也看不到媽媽怎麼辦？」「爸爸、媽媽可以不要死掉嗎？我不想要看不見你們。」大女兒在我的安撫中，向我拋來一連串問題，我當下保持鎮定回應她之外，內在也跟著浮上來好多情緒。

我為小小的她開始思考「生命」與「關係」感到欣慰，好愛她像個小小哲學家提出內心想法；另一部分的我對身為父母陪伴孩子的時限性感到惆悵，不禁感嘆生命是如此玄妙，當下我多想化成永恆。

我被眼前這個可愛的小生命深深愛著，她的擔憂、她的煩惱來自於和我的連結，那樣濃烈的情感連結並非軀體腐朽隨之消逝，絕對不會的，父母與子女之間的愛將永存彼此心中。

在兒童心理發展階段，幼童因為語言能力不足，對抽象概念如存在與不存在、意識、永恆等較為陌生，要如何和小小孩談死亡呢？

這對父母而言並不容易，然而孩子成長階段難免會遇到相關議題，有時候父母為了減輕孩子的恐懼，心急想要幫助孩子，孩子覺察到父母的焦慮而壓抑其感受。例如當孩子的至親過世，大人擔心孩子不明白或害怕而回答：「爺爺只是去旅行。」「奶奶過一陣子就會回來了。」

但研究指出，有時候大人刻意或無意間隱藏客觀事實，對於孩子而言更加難受。有些大人對於死亡加上否認，孩子被教導死亡是暫時的、只是睡著了，類似卡通人物死掉會再次復活，甚至有些孩子把死亡當成睡眠，可能在他們的經驗中，睡眠狀態與失去意識最為接近。

孩子對於不知道的事情會加以想像和杜撰，所以父母面對死亡議題時，若長期保持沉默，孩子的好奇心不會因此而消失。

帶著孩子正視死亡的存在，並進一步認識死亡，這樣孩子才不至於過於誇大杜撰死亡。當孩子對於死亡感到害怕且無知，他們不得不找出讓自己心安的方法，甚至進而扭曲自我存在的價值。

例如幾年前風靡全球的藍鯨遊戲，在網路上帶起一片青少年自殘、自殺的不良風潮，令人不得不正視兒少階段生命意義的教育必要性，引領孩子正確的認識與思索生命的意義。

你的存在本身就有價值

「親愛的孩子，還記得媽媽總牽著你走向圖書館，隨你駐足在四季變化多端的樹蔭下，悉心的帶著你認識關於生命這回事嗎？小嫩芽初來乍到人世間感受各種新鮮與活力，日夜的體驗豐厚了生命，漸漸乾扁枯黃到隨風搖曳飄散在空中，落葉歸根完成這一生的循環，渾身的歷練將會回歸大地，滋養下一次的生長。」

這是我在育兒日誌中所寫下的某段文字，我喜歡透過大自然進行孩子對於生命教育的基本認識，透過撫摸去感受葉子一生的意義，猶如每個小生命從呱呱墜地那一刻的哭聲起，也在宣告他們加入這個大大地球村，並且用獨特的力量來溫暖這個世界。

你怎麼看待自己來到這個世界的意義呢？每個人的存在本身就有其意義，無庸置疑。那孩子呢？父母該如何引導孩子好好看見自己生命的價值呢？

邀請父母和孩子攜手探索生命主題，帶著相互欣賞的目光，這份尊重、體認與欣賞和同理心有密切關係。還記得 COVID-19 肆虐全台、學校大停課的那幾個月，我們一家四口成天窩在家中，那時候我研發不少有意思的主題探索，孩子天天都玩得不亦樂乎。

我善用家中現有的書籍、教具等，幫助孩子在上學校網課的空檔，能夠更加認識自己，例如她們名字的來源、在媽媽肚子裡的小故事、自畫像、興趣探索等，一家四口便沉浸在這樣平凡又真誠的互動當中，營造珍貴的共同回憶。

當父母能對孩子的內心世界產生深刻的理解，父母也能夠透過這樣相互成長的過程，再次回想童年的自己，從中發掘出對自我的更多認識，甚至賦予過去新的意義。在引領孩子認識生命價值的同時，也是父母重新反思自我核心信念的大好時機。

每個人來到這個世界都有獨特的意義與價值存在，在陪伴孩子探索生命意義的過程中，爸爸、媽媽別忘了你自己——你和孩子一樣都很可愛，也都很值得被自己以及懂得珍惜你的人好好疼愛。

36

養出腳踏實地的真實感

做真實的父母，量力而為做好育兒路上的角色，給孩子剛剛好的教養。

我經常在網路各大社團潛水，某次正好滑到一位媽媽傾吐既生氣又無助的心情。為了兒子有更好的教育品質，這位媽媽省吃儉用讓兒子念私立貴族高中，勉強負擔了學費，但兒子卻因為媽媽無法像其他同學的家長一樣用名車接送，相當排斥媽媽開車到校門口，回家也經常抱怨沒有高檔手機以及學用品，覺得自己處處不如別人。

這位媽媽辛辛苦苦設法給兒子最好的學習環境，孩子卻不知感恩，讓她相當心痛，終於在幾天前情緒大爆發斥責兒子，但他當下反駁頂撞，傷透媽媽的心。

看完這位媽媽的心情，我想起幾個月前做了一件自己預期之外的決定。

在少女峰上吃泡麵

我在研究所時期就對分析心理學家榮格深感敬佩，親自造訪他的故居是我多年的夢想之一，但瑞士舉世聞名的高物價讓我遲遲無法下定決心排入歐洲親子自助旅行計畫中，畢竟一家四口所費不貲。直到 COVID-19 疫情席捲全球，讓憋了近三年沒出國的我們決定直搗瑞士，成就這趟瑞士奇幻之旅，也圓滿了我渴望與榮格跨時空書房對談的想像。

既然都決定到瑞士了，豈容錯過帶著孩子感受世界之巔少女峰的美妙。在規劃登峰細節時，從交通到住宿飲食，預算高到令人咋舌，甚至讓我心生放棄攻頂的念頭，召開家庭會議聽取先生和孩子的想法，見先生和小女兒對登頂的渴望，讓我轉而思考如何調整那天行程的開銷。

首先，搭乘火車和纜車的交通費用是固定的，住宿部分考量到孩子的體力選了十分鐘內可到火車站的三星級飯店，再來最有調整空間的是午餐。

網路爬文見部落客網紅上少女峰吃泡麵成了攻頂儀式，我對飲食健康錙銖必較，對於泡麵避而遠之，但在冰天雪地的少女峰休息空間中，除了高價的景觀餐廳，就是休息空間販賣的熱水、辛拉麵、巧克力、麵包、飲品等，每項食品的價位都讓人大吃一驚。

一杯辛拉麵約新台幣三百元（台灣的售價約新台幣四十元），一碗泡麵的熱水約新台幣一百五十元，我不吃泡麵甚至不吃午餐也無所謂，但孩子和先生每天固定吃三餐，倘若三個人都選擇吃熱騰騰的泡麵，那麼大概要花上新台幣一千三百元左右，還不見得能吃飽。

我面臨了兩個挑戰，一是想讓他們也完成少女峰的熱食願望，二是我不給孩子吃泡麵，為此我跟先生花了許多時間反覆討論，飲食隨意的他認為泡麵偶爾為之無妨，節儉的他更是自告奮勇背著兩大壺熱水上山。

原本執意不讓孩子碰泡麵的我，想到唯一能砍的只有飲食費用，若進景觀餐廳恐怕又是一筆可觀的開銷，我又開起了家庭會議（強烈推薦父母能建立親子溝通的空間，讓大家都有好好講話的時間，是全家情感聯繫最直接的管道）。

我先說明整件事的來龍去脈，接著是團體腦力激盪的時間，每個家庭成員都有開口表達想法的機會。

大女兒先說：「媽媽，不如你就再次破個例啊！我還記得你懷妹妹時，在德國新天鵝堡的山下飯店，因為下大雪出不了門，自備食材又煮完了，所以你就給我吃了一半爸爸的泡麵，那是我第一次吃到泡麵。」

號稱自己健忘的大女兒偏偏記得這種媽媽無奈之中做下的決定，爸爸當然無所謂（每次回味照片都可以看見爸爸讓女兒嘗鮮的得意笑臉），但我當時陷入天人交戰，好不容易才說服自己讓她吃了那半碗爸爸的泡麵。

小女兒說：「我吃小餅乾就飽了，只要和媽媽在一起我都開心。」

嘴甜的小女兒說到小餅乾，突然讓我想起嬰兒食品成分的單純，靈機一動轉而去各大賣場研究起泡麵成分，試圖尋找成分相對單純的泡麵讓孩子也能吃上熱騰騰的一餐，後來找到幾款日式泡麵尚可符合我的需求，變成皆大歡喜的結果。

事後我們一家回憶少女峰上的午餐，孩子表示當時真是快凍僵，有熱食暖和了全身是快樂的回憶，先生當然就更開心啦！他得意洋洋表示自己省了一大筆泡麵加上熱水的開銷，直呼自己真是賺翻了！

我也從這個事件當中，體驗到揉合理想與現實的可行之路，而這背後需要的是在育兒與自我的界線中，將「線」保持彈性並且實用可行，在育兒這條路上適時鬆綁與再調整。

真誠的父母養出腳踏實地的孩子

為什麼諸多的教養文章當中，不斷提醒父母保有「自我覺察」的重要性？無論是情緒對焦、認知同頻等，父母給予孩子最好的陪伴，其中不可缺少的是父母的真誠。

所謂「真誠」，也就是真心又誠懇的展現出穩定情緒，且符合現實條件限制，量力而為。這樣的父母對內知道自我需求為何，也懂得自我照顧，父母真誠的態度，就如同孩子的安心後援，孩子在安全的氛圍當中信任著父母，親子關係流通即能展開交心對話。

如前文分享我們家的家庭會議時光，不僅在於凝聚全家人的向心力，並且讓孩子有熟悉的對話窗口，通常家庭會議我們著重在解決某事件，但其實我背後最大的用意，是讓親子透過對話更加貼近彼此的內心世界，唯有雙方心與心交流，真正被接納與理解的感動才會發生。而孩子知道自己不需要刻意變成父母需要的樣子，如實做好自己即是父母最喜歡的小寶貝。

我和孩子討論在少女峰吃泡麵的事時，我坦誠經濟能力造成飲食限制，並且不願讓孩子吃到太多添加物，這時候邀請孩子一起來想想其他可能性，如果你是我的孩子，你有什麼感覺？從兩個孩子的回應中，你覺得她們有什麼感覺？如果一樣的情境套用在你和你的孩子身上，會是什麼樣子呢？

想給孩子最好的生活條件想必是父母的期待，然而並非家家都有能力提供孩子豐厚資源，讓孩子明白環境的限制、自我能力及想達成的目標，養成孩子的心理素質強度，建立正確的價值觀，孩子才能在一次次加深、加厚的挫折容忍力之中，疊高對於自我生命的責任心。

做真實的父母，量力而為做好育兒路上的角色，給孩子「剛剛好的教養」：父母懂得照顧自己並且同盟合作的前提，才能保有穩定且一致的教養。

心與心連結的親子關係

這一篇標題〈養出腳踏實地的真實感〉是我育兒教養的核心信念，集結我個人的生命經驗、工作實務心得所感。一個人唯有打從內心懂得自己，他才能活得如其所是（接納自己原本的樣子），就如同蓋房子有實心的建材，才能不怕接下來人生的各種風吹雨淋，而這樣的自我概念，來自於童年時期父母如何把鷹架搭成安全堡壘。

在此分享一個我童年的珍貴記憶。父親從事海上工作，漁船經常一出航就是半個月不回家，母親幾乎擔起照顧我們幾個孩子的全部責任。

記得升國一的那個暑假，母親為了兼顧賣魚和照顧我們疲於奔命，後來決定帶我們幾個就學中的孩子一起住到尚未完工的新家。我們和母親一起窩在整棟房子唯一貼上磁磚的主臥室中，直接睡在冰涼的大理石地板上，只有簡單的枕頭和棉被，每天晚餐母親用卡式瓦斯爐煮粥再配上各種罐頭，就這樣度過整個暑假。

友人聽聞這段過去深感心酸，我卻不以為意的告訴他，這是我最珍貴的回憶，因為那時候母親的心與我們如此親近，即使每天的晚餐是鮪魚罐頭配白粥，對我而言那是全天下最美味的晚餐，因為有母愛的加持。

工地裡唯一亮燈的房間，成了我（或許也是其他手足）童年的安全堡壘形象，母親常說她小學沒畢業不懂得教孩子，但她可能不知道她總是用生命來守護著孩子了。母親為我們做的事或許樸實無華，在我們的心裡卻打造了無比重要的底氣：真實的親子心關係。

純樸卻真實的親子互動，也成了我一路走來的人格特質，我讓自己走在腳踏實地的人生路上，並且實踐在所有關係中。「真心」對待自己和這個世界，我相信每個人在自己的人生道路上，只要秉持這樣的信念，總會找到屬於自己生命的意義，包括我很榮幸成了兩個孩子的母親，繼續將這樣的真心傳遞到她們身上，希望你們也是。

後記
成為自己的內在母親

這本書斷斷續續花了大約一年的時間完成，跨越大女兒小學六年級到國中一年級期間，中間經歷的那個暑假讓我五味雜陳，進入青春期的孩子像是另一種生物，和大家分享兩個月暑假我的一些體悟。

首先，我再次體會到教養節奏必須配合孩子成長速度調整，那個暑假我因為教養挫敗崩潰了幾次，卻也深深意識到每一次的親子危機，其實是孩子在對父母傳達訊號，著實考驗父母讀懂孩子內心的能力。

遇到教養困境的時候，特別容易回憶起自己的童年經驗。我在〈07打造孩子的安全堡壘〉（見五八頁）提到「未竟事務」一詞，這個概念出自完形心理治療學派（Gestalt Psychology，又稱格式塔心理學派），意指未完成的經驗。過去某些重要情緒未能充分流露，被壓抑下來，此後生活中不時浮現，干擾當下與環境接觸，阻礙與自我的連結。

以我自己為例，相差四歲的弟弟出生之後，頓時失去父親的寵愛，但是四歲以前像個小公主被父親捧上天的記憶早已烙印在心底，那麼一個四歲的小女孩要如何詮釋被剝奪的愛？當時我靠著吃東西和跑步來得到替代滿足，不過內在卻有深深的被遺棄感，感受到父親對我的愛轉移了，於是潛意識裡埋下「父母只能愛一個孩子」的想法。

直到大女兒四歲時，我終於有點餘裕進行個別諮商，逐漸開啟我和童年自己的對話，開始處理童年的「未竟事務」，正視過去殘留在體內不被愛的失落以及恐懼，慢慢感受到自己似乎有能力再愛第二個孩子，才和先生討論生第二胎的可能，這也是我的兩個孩子相差五歲的主因。

教養孩子時頻繁進行自我覺察已然成為我的習慣，這不僅有助於我對童年創傷的重新詮釋，也讓我的母職角色有更多成長空間。當孩子逐漸長大到渴望表達自我時，他們不見得能完整呈現內在想法，也因此當我強烈感受到邁入青春期的大女兒對自我萌芽無所適從時，我在那個暑假幾乎放下所有工作，短暫重返「全職媽媽」之路，專注陪她度過這段自我狂飆期。

那個暑假母女朝夕相處、挑戰不斷，從衝突到和解，從失控到調整出新的節奏，這條看似毫無盡頭的教養之路催不得、急不來。無論父母多想為孩子好，請記住每個孩子都有自己的人生難題，「慢慢來並從中長出智慧」是我悟出的道理。

原來我們一直支持著自己

本書最後，我想分享「內在母親」。

心理學大師佛洛姆說：「一個成熟的人，同時是自己的父親也是母親。」閱讀到這句話時，我深有感觸。長大成年的我們可以嘗試鼓起勇氣點燃生命之火，像一爐柴薪溫火慢燉成長過程帶來的陰影，隨著我們有意識的面對燃燒情緒的殘渣，內在問題和障礙將隨之消失殆盡，轉而不斷滋生自我支持的能量。

我從小就怕黑，某晚於河濱公園慢跑時，恰逢路燈全數熄滅，那段漆黑的路途喚起我熟悉的害怕與無助，我停下腳步，試著解讀內心恐懼，低頭意外發現身上的白色運動外套正在發光，當下突然有所頓悟：「啊哈！原來我已自帶光芒。」

經過這麼多年的勇敢茁壯，我心中早就悄悄長出足以護持自己的內在力量，意識到自己不是孤單一人，而是有內在自我的陪伴，我替自己量身訂做好專屬的內在安全堡壘，這幾年來跟隨天賦，逐漸走在成為自己的路上，而這背後最大的功臣，是我自己。

即使沒有幸福童年的安全堡壘庇護長大，還是有機會發展出自己的內在安全堡壘，為內心塑造出「想像父母」的支持力量。永駐於你內心的想像父母，會給予安穩鎮靜的能量，允許你剛強與脆弱，讓你可以勇敢，也可以溫柔，在他們的陪伴下，綻放耀眼無瑕且獨一無二的光芒。

成為自己的內在母親，充盈著對自己與孩子滿滿的溫柔與保護，你值得被自己好好善待，愛自己永遠不嫌晚。

國家圖書館出版品預行編目（CIP）資料

親子膠水：心理師媽媽教養手記，陪伴孩子探索自我、自信成長，打造溫暖堅實的安全堡壘 / 許妮婷著. -- 第一版. -- 臺北市：遠見天下文化出版股份有限公司, 2023.12
面； 公分. --（教育教養；BEP079）
ISBN 978-626-355-538-9（平裝）

1.CST: 親職教育 2.CST: 子女教育 3.CST: 親子關係

528.2 112019722

教育教養 BEP079

親子膠水

心理師媽媽教養手記

陪伴孩子探索自我、自信成長，打造溫暖堅實的安全堡壘

作者 — 許妮婷

總編輯 — 吳佩穎
人文館資深總監 — 楊郁慧
責任編輯 — 許景理
美術設計 — 鄒佳幗
內頁排版 — 薛美惠（特約）

出版者 — 遠見天下文化出版股份有限公司
創辦人 — 高希均、王力行
遠見・天下文化 事業群榮譽董事長 — 高希均
遠見・天下文化 事業群董事長 — 王力行
天下文化社長 — 林天來
國際事務開發部兼版權中心總監 — 潘欣
法律顧問 — 理律法律事務所陳長文律師
著作權顧問 — 魏啟翔律師
社址 — 臺北市 104 松江路 93 巷 1 號
讀者服務專線 — (02) 2662 0012 ｜傳真 — (02) 2662-0007；(02) 2662-0009
電子郵件信箱 — cwpc@cwgv.com.tw
直接郵撥帳號 — 1326703-6 號　遠見天下文化出版股份有限公司

製版廠 — 中原造像股份有限公司
印刷廠 — 中原造像股份有限公司
裝訂廠 — 中原造像股份有限公司
登記證 — 局版臺業字第 2517 號
總經銷 — 大和書報圖書股份有限公司｜電話 — (02) 8990-2588
出版日期 — 2023 年 12 月 25 日第一版第一次印行

定價 — NT 400 元
ISBN — 978-626-355-538-9
EISBN — 9786263555341(PDF)；9786263555334 (EPUB)
書號 — BEP 079
天下文化官網 — bookzone.cwgv.com.tw